心理
故事集

雁北/著

我在人群中好孤独

如果我们可以真实地
在灵魂层面相遇,
整个世界
都会因为这份缘分而
一个被看见、
被安抚到的孤独
都会
成为自我成长……

文化发展出版社
Cultural Development Press
·北京·

图书在版编目（CIP）数据

我在人群中好孤独 / 雁北著. — 北京：文化发展出版社，2023.9
ISBN 978-7-5142-4054-2

Ⅰ．①我… Ⅱ．①雁… Ⅲ．①心理交往－通俗读物 Ⅳ．①C912.11-49

中国国家版本馆CIP数据核字(2023)第144568号

我在人群中好孤独

著　　者：雁北

出 版 人：宋　娜	责任印制：杨　骏	
责任编辑：孙豆豆	责任校对：岳智勇　马　瑶	
特约编辑：刘惠林　唐　三	封面设计：于沧海	

出版发行：文化发展出版社（北京市翠微路2号 邮编：100036）
网　　址：www.wenhuafazhan.com
经　　销：全国新华书店
印　　刷：天津旭非印刷有限公司

开　本：880mm×1230mm　1/32
字　数：173千字
印　张：9
版　次：2023年9月第1版
印　次：2023年9月第1次印刷

定　价：49.80元
ＩＳＢＮ：978-7-5142-4054-2

◆ 如有印装质量问题，请电话联系：010-68567015

前言

我在人群中好孤独
——没有人不需要被安慰

我是一个爱看月亮的心理咨询师。

我从来都承认,作为芸芸众生中的一员,我的孤独、无助、焦虑一点都不会比别人少。

生而为人,孤独似乎是与生俱来的。毕竟在这爱恨交融的人世间,没有人是一座孤岛。而一旦与人联结,你会发现,人、关系、事情都不可能完全如你所愿。爱不能、求不得才是人生的常态。如果从未尝过孤独的难、无助的苦、焦虑的烦,那是佛的境界。

所以有许多时间,我都拿来看月亮了。当我孤独、无助、焦虑的时候,我只要抬起头,安静地看一看天上的月亮,沉浸在澄澈的月光下,我就会慢慢平静下来。

每天,都会有跟我一样孤独的人来到咨询室。

比如有一个女孩子，她谈过五次恋爱，但就像是被诅咒了一样，她的每一任男友都出轨，最后的这一任男友，在出轨两个月后，就跟别人结了婚。她苦笑着问我："老师，我这经历应该是绝无仅有的吧？"

还有一个律师，他没办法在床上入睡，总是睡不着。但他却在所有不是床的地方都犯困，比如办公室、餐厅、朋友的聚会，甚至庭审现场——尤其在车上，困意来得格外明显。所以，他常常会在半夜抱着被子跑到车库去，坐在车上酝酿睡意。他苦恼地抱怨："我这都没法跟人说！谁能理解我？"

还有那个才华横溢的老总，他运筹帷幄，把控全局，却总会在看起来万事俱备的时候，发生一些自己都不能原谅的低级错误，比如漏拿文件，订错机票，甚至是睡过了头，等等。而这些小事会影响全局，导致他常常距成功仅一步时就遗憾落败。他自己都不能理解，感叹万分。

还有常常做同一个梦，醒来时发现自己泪流满面的瑜伽老师；明知唠叨无用，却忍不住抱怨的妻子；一到学校门口就呕吐，没办法去学校的孩子；面前不能有食物，否则一定要吃下去的会计师；一天要洗四十多次手的医生；总是担心自己没有关门的教导主任；喜欢买很多书，却从来不看的诗人……

他们来到我的面前，带着不被理解的忧虑，把痛苦摊开在我面前，叹息、流泪、诉说。

在他们的眼里，自己的痛苦是如此地沉重而独一无二。

"老师，你听过这样的病症吗？""你有见过类似案例吗？"他们问我。我明白，在他们问话的背后，隐藏着那一句："我还会好起来吗？"

是啊，行走在人群之中，我们神色如常地生活、微笑、工作、社交，看起来没有什么不一样。然而在一切如常的背后，我们每个人都有着不能言说的烦恼与痛苦。这些痛苦不被看见，却总是在出乎意料的时刻跳出来，裹挟着我们下坠，去往一个我们自己都难以预料的方向。甚至这些痛苦会化身为我们，用我们的嘴说话，用我们的行为做事，伤害了我们不想伤害的人，也伤害了我们自己。

谁还不是感受着与生俱来的孤独？人群之中，我的痛苦你不懂，甚至我自己都不太懂。

绝望来自于此。

我还会好起来吗？

每个人都是独特的个体啊，独特的经历、独特的原生家庭，造就了我们每个人独一无二、形形色色的痛苦。

然而从人类命运和人性底层逻辑的角度来看，虽然个体的痛苦是独一无二的，但人类的痛苦却是普遍的，是常态的。

因此，当你接纳生而为人，痛苦必是常态，接纳我们每个人都一样孤独，那你在人群中的孤独就并不算孤独。

每个人都孤独，没有人不需要被安慰。

每一个在人群之中的孤独个体都值得被看见，被安慰。

看见自己的孤独是第一步，然后就是静下心来去倾听孤独的声音，去相信它的到来必有意义，去安慰它，拥抱它，与它和解。

而当你与孤独和解，看清它为何而来，你会因此成长，成为一个更好、更容易幸福、更笃定的人。

会好起来的，还有可能会更好，这就是孤独存在的意义。

比如那个男友总是出轨的女孩，当她可以看清她的痛苦是来源于她幼年时被抛弃的恐惧；那个在车上才能入睡的律师，当他可以看清他内心的不安，看清自己没有处理好工作与生活的压力；那个总是离成功只差一步的公司老总，当他可以看清隐藏在自己内心深处的低价值、不配得感。

总是做同一个梦的老师，听懂了梦想要诉说的信息；唠叨的妻子，把注意力放到自己身上，开始学习爱自己；去学校就会呕吐的孩子，开始正视自己对学习的无力和恐惧；停不下来吃的会计师看到饥饿的从来都不是自己的胃而是自己的心；强迫性洗手的医生看到自己无处安放的焦虑；总是担心自己没有关门的教导主任看到隐藏在自己内心中未处理过的悲伤；喜欢买书却从来不看的诗人开始接纳自己的不完美，尝试允许自己不够好……

每一个被看见、被安慰到的孤独都会成为一个契机，一个可以疗愈自我，可以变得更好、更有力量的契机。

如果你能听懂孤独在说什么。

因为感受到在人群中的孤独，我的来访者来到了咨询室，以他们孤独的痛苦为契机，我会陪他们走一段路，尝试在繁杂的世界里找到一条走得通的前路——千万不要以为我在引领，更多时候，我只是陪伴，陪着他们相信所有的孤独都不孤独，陪他们从焦虑中冷静下来，去听懂孤独的声音，去厘清自己的真实需求，更能笃定、清晰地找到自己的优势，找到支持的力量，看清前路。

希望和前路其实是他们自己找到的，最终他们会被孤独的痛苦赋能，成为更好的人。而这一段共同探寻的路，其实我也受益匪浅。

当他们的故事在我面前缓缓铺开，我尝试去透过他们独一无二的痛苦，去真实地感受面前这个真实的人。而几乎每一次，我也能透过他们的故事，透过他们的孤独，隐约地看到我自己。那些痛苦、悲伤、绝望、挣扎，都不仅仅是他们的，也是我的。

每一个孤独的个体都需要被安慰、被拥抱啊！

他们的微笑、眼泪，会照亮我生命里的黑暗时刻，而他们的努力、挣扎也会疗愈我过往路上的伤痕。当他们找到了方向，我也会被赋能，成为更好的自己。

也许，出于职业的原因，我确实可以在他们的生命里留下些细微的痕迹。但必须要承认的是，当他们途经我的生命时，也一定会在我的生命里烙下独特的印记。

人与人在灵魂层面的相遇是如此美好又神奇！

我的来访者们疗愈了我，他们是我天上的月亮。

我们都是平凡世界里的普通人，在人群之中如此孤独，却又并不孤独。

我想把这些人群之中孤独的灵魂描述出来，说给你听。在这些故事里我能看到我自己，并因此获得成长，我相信你也能。虽然我们有各自的月亮，但别人的月亮也会带给他人光亮。

人群之中我真的好孤独，但因为看见和安慰，我的孤独有了意义。于是在人群中我再也不孤独!

以这些故事致敬我生命里出现的每一个来访者,他们赋予他们独特的孤独以意义,也照亮了我的生命历程和前行的路。

(以下故事涉及真实个案,已获得来访者授权,且已做信息隐匿处理。)

chapter 1
看见如此特别的你 __ 001

余光强迫症 002
看见你的"黑天使" 017
爱"作"的女孩 027

chapter 2
接纳不完美的自己 __ 039

是谁一直在吃 040
爱上一个"坏男人" 050
我到底是谁 061

chapter 3
伤口也能开出美丽的花 __ 075

我们都睡不着 076
孩子,你应该感谢自己 088
谁还不是带病生活呢 101
愤怒的两面 116

chapter 4
跳出受害者心态 __ 129

每个人都有自己的月亮 130
前妻的狗 141
跳出受害者心态 153

Contents

目录

chapter 5
收得到的爱才是爱 — 169

在错误中成长 170
与内疚和解 180
妻子的红皮鞋 194
收得到的爱才是爱 205

chapter 6
向世界发出自己的光 — 219

划清爱的界限 220
不爱就不会痛 229
总是想做调解员的小林 242
坐不下去的少年 253

如果我可以看见你，

以我不完美的视角，

看见如此特别的你。

如果我们可以真实地在灵魂层面相遇，

整个世界都会因为这份缘分而狂喜……

我在人群中
好孤独

chapter 1
看见如此特别的你

余光强迫症

> 她的目光令我全身发冷,越来越多的冷汗渗了出来,我的衣服都湿了,冰凉地贴在皮肤上。现在不只是她,我用眼睛的余光看着他们,我没有办法从他们身上挪开我的目光……
>
> ——来访者:钱宇(化名)

  我坐在人群中间,紧盯着自己面前的试卷,因为要控制住自己想要强烈回头的想法,整个头和肩颈都处于僵直的状态,我甚至能够感受到脖颈后的血管变粗变胀,突突跳着,好像就要爆炸了。可就算不回头,我也能感觉到她用诧异的目光看我,像是在看一个怪物。我知道她看我是因为她觉得我行为怪异,她知道我在控制不住地用余光瞥她,哪怕我其实并没有回头。

  她的目光令我全身发冷,越来越多的冷汗渗了出来,我的衣服都湿了,冰凉地贴在皮肤上。现在不只是她,我用眼睛的余光看着他们,我没有办法从他们身上挪开我的目光。而他们那种像看怪物一样的目光灼伤了我,让我觉得脖颈后的血管更加胀痛,我心慌,想要呕吐,一阵眩晕,我难受得几乎要晕过去。

> 铃响了,考试结束了。周围的人喧哗争论。我呆呆地坐在座位上,汗流浃背。我面前的试卷一片空白,我一个字都没写出来。

以上文字是钱宇分享给我的一段日记内容。他是一位高三的学生,那一天学校月考,他一个字都没写,交了白卷。父亲很生气,说了很多难听的话,到了晚间他写下了这些文字,尝试整理自己的情绪,但最终他并没有把这些文字拿给父亲看。

"他不会理解的,我拿给他看也没用。"钱宇说,"我只是跟他说,我得了余光强迫症,需要做心理咨询。"

这是一个十七岁的大男孩,说是男孩,但他个子很高,身体也很壮实,唇边长出了细小黑色的胡子绒毛,喉结突出,额头上长着好几个红色的青春痘,看起来像是一个成年人。

我点了点头:"看起来,你已经查过一些资料了。"

"是的,本来我对心理学也很感兴趣。"

"你是什么时候发现自己有余光强迫症的?"

"三年前,中考那年。可能是因为压力大吧,我觉得自己开始特别在意别人的目光,也会控制不住自己用余光观察别人。"

钱宇神情专注地看着我。和他对视的时候我有一种奇怪的感觉,但很快我反应过来,在我们的对视中,他只是面对着我,却并没有真的在看我。他的眼睛空洞无物,完全不聚焦。他也许是看着我的旁边，看着我的身后，但唯独没有看我。他强迫自己正对着我，伪装出在看着我的样子。

我试探性地问道："现在也是吗？我注意到你看着我，但眼睛并没有聚焦。"

他回答得很快："没有啊老师，我在看你。"

然后他的眼珠动了，努力想要聚拢视线。但很快他就放弃了并垂下了头，在他的脸上浮现出内疚的神情。

"不一定要看着我才是礼貌。我之所以问你，是因为我想了解你现在的视觉情况。"我温和地向他解释道。

余光强迫症，也叫余光恐惧症。

在正常情况下，普通人对自己的视线和余光是不在意的，基本处于一种无意识的状态。而饱受余光强迫症困扰的人，他们对自己的目光很在意，在面对某人或者某物时，总觉得自己控制不住要同时看着旁边的人和物，无法自由地移动和放置自己的目光。同时也认为别人能够感受得到自己的余光，好像自己影响到了别人，并引起别人的厌烦和排斥。

余光强迫症产生的原因很可能会有多种，比如成长的伤痛，遭受过心灵的创伤，生活里的某些变故，等等。

像钱宇，他因何患上这个病症，具体原因还需要考量。他自己解释是因为压力。确实，压力、焦虑都会导致余光强迫症加重,重点班、尖子生、高三、每月一考,虽然可以想象钱宇所承受的压力,但我总觉得没有那么简单。

钱宇的父亲对他期待极高,完全不能接受他患上余光强迫症的事实。

"什么余光强迫症!他自己上网胡乱查资料。什么不受控制地想要看后面的人!怎么会不受控制呢?他跟我说别人也老看他。我就跟他说,谁有那个精力老看你?高三了,大家不都忙着刷题?"父亲明显是压抑了很久,因为情绪激动,脸憋得通红。但他还是顾及钱宇的感受,说这番话时,他不时地瞟着紧闭的房门,压低了嗓音,不想让另一个房间的钱宇听到。

但是对自己的怀疑就算父亲不说,钱宇也是能感受得到的。他不愿意把日记给父亲看,就是因为他清楚地知道,父亲不想承认他生病了。

"您的意思是,他这个余光强迫症是装的?"我直接问道。

父亲哼了一声,没有直接回答。他缓和了一下语气,说道:"也不能说是装的吧,但肯定是夸张了。我认为他的主要问题是不想去学校,他说坐在教室里没有办法集中注意力。老师,马上就高考了,他不急我急。他这么大了,打也打不得,骂也骂不得。老师,你给他做做工作,让他好好去上学,马上就高考了,以他原来的成绩,考一个好大学一点问题都没有!"

"您认为他为什么不想去学校？"

"压力大呗。"父亲脱口而出。

我沉吟了一会儿，接着问道："我刚听您说，这么大的孩子，打也打不了啦，您曾经打过他吗？"

父亲有些许迟疑，但很快调整了表情："哪家孩子没有被打过？尤其是男孩子。像我自己不也是被打大的，我不觉得这是个大问题。何况，我已经三年没有打过他了。"

等等，三年？

前面我问过钱宇，他什么时候发现自己有余光强迫症的，他的回答就是三年前。这中间有联系吗？

我接着问道："我听到您说三年没有打他了，也就是说三年前您是打过他的。是发生了什么吗？"

父亲短暂地沉默了一会儿，苦笑着说道："那天我是动手打了他，其实打得也不是很厉害，就是给了他一巴掌，结果他跑到阳台上要跳楼。后来是他母亲把他拉回来了。我自己反省了一下，孩子确实是大了，之后我就再也没有动过手。"

"是从那个时候开始，钱宇觉得自己患上了余光强迫症？"

父亲迟疑了一下，开始回忆，然后表情变得恍然："老师，你这么一说，还真是……这有联系吗？难道就因为我打了他？"

"不一定有联系，我只是想了解更多。当时孩子具体发生了什么事情？"

父亲没说话，过了一会儿，明显有一些支吾地说道："具体我也想不起来了，也就是学习上的事嘛……无非就是作业没做完，躲着玩手机什么的。"

真的吗？闹到要跳楼的事情，却想不起来是什么？

"老师，他还是压力的原因吧。那时候刚好是中考前，他就老说自己有余光强迫症。现在不是马上要高考了吗？压力大了，他又开始说自己余光强迫症了。"

压力大这个理由倒是让父子两人达成了共识。中间的差异是，钱宇认为压力是自己余光强迫症的成因，而父亲认为孩子根本没有余光强迫症，这只是钱宇想要逃避压力的借口。

我没有再继续问下去了。

要帮到钱宇，我必须要先得到他父母的支持。

我先大体跟钱宇的父母说了一些余光强迫症的症状，出示了一些资料和数据，帮助他们了解到钱宇确实正在经历着我们无法感受的痛苦，让他们相信孩子确实是生病了。

当他们能够接受钱宇确实患病了这个事实后，再去面对钱宇无法在学校集中注意力、考试交白卷时，宽容度就会高很多。

我提醒他们注意，钱宇在忍耐余光恐惧的同时，还能维持不错的学习成绩，那背后隐藏着很大的勇气。我想让他们看到孩子的努力和不容易，同时我也想让他们看到，在学习这件事上，不见得就只有考大学这一条路，也许还有更多可能性。

"学习重要还是健康重要？"我问他们。

母亲没有迟疑，直接回答说是健康更重要；而父亲迟疑了一会儿后，也认可了这个说法。

"是现在的学习重要，还是具有终身学习的能力更重要？"

这一次，父亲和母亲都认为具有终身学习的能力更重要。

"那么，我们有没有可能在这个特殊的阶段，多给钱宇一些包容和支持，包括信任？多给他一点时间去调整自己，让他自己一点一点找到平衡？"

我其实特别理解他们对钱宇的期待和要求，高考在即，孩子成绩一直还不错，父母特别希望在这个关键点上孩子能把握住命运。焦虑来自期待，所以现在我不得不请他们放下一些对孩子的要求和期盼，尽量松弛地陪伴钱宇。学习是很重要，高考也很重要。但当下对钱宇来说没有什么比健康更重要。如果孩子能好起来，哪怕是错过了今年的高考，并不代表以后就没有了高考的机会。

我对他们说，如果你们明明知道唠叨、讲道理、打骂没用，可还是忍不住，那么这是你们的焦虑，尽量不要传递给孩子。你们可以来找我处理你们的焦虑。

安抚住父母，争取到父母的支持后，我才去和钱宇讨论咨询方案。

他确实是一个特别有想法的孩子,他主动提出来想试试森田疗法,"老师,我在网上看到,说这个方法应对余光强迫症很有用。"他腼腆地说道。

我欣然同意。他能够主动提出森田疗法,这意味着他会有更大的动力来配合。

"钱宇,那你能说一下你所了解的森田疗法吗?"

"森田疗法是日本的森田博士提出来的,主要运用于强迫症、焦虑症。他主张所有的症状对来访者来说都是有意义的,甚至是可以帮助来访者活下去的。他主张的治疗手段是'顺其自然,为所当为'。"果然是学霸,钱宇几乎是张口就背了出来。

"太对了。"我赞叹道,"所有症状都是有意义的,甚至是可以帮助来访者活下去的——钱宇,你怎么理解这句话?"

钱宇空洞的眼神正对着我,他摇摇头:"老师,这好难。意思是我的余光恐惧对我是有意义的?"

"对,你相信吗?目前看来,至少它对你没有恶意。它的到来并不是要跟你作对,可能是想要帮你诉说痛苦、呼唤理解。它想要提醒你去处理一些问题,好让你变得更好。"

钱宇似懂非懂地看着我。我重新组织了一下语言,想说得更清楚一些:"比如说,有一个人患了整容强迫症。他总觉得自己长得很丑,于是不停地整容。钱宇你觉得这个症状对他的意义是什么？很有可能，这个症状在提醒他，他自我价值感很低，他不喜欢自己……"

"他不认可自己，他需要找到自己的优点，从而才能更自信。"钱宇说道。

"聪明！"我伸出了大拇指。

钱宇若有所思："那我的症状对我的意义是什么？它想提醒我什么？"

他的眉头紧皱着，鼻尖渗出了冷汗。

"不急。钱宇，我们可以慢慢去发现。现在你只要相信它的出现并非出自恶意就好了。"我温和地打断了他。

因为大多数的来访者对自身症状持不允许、不接纳的态度，所以当症状出现时，他们的第一反应是用大量的精力去对抗，试图消灭症状。然而，结果往往是越对抗，症状越重。而森田疗法的基础就是接纳症状，让来访者不要专注于对抗症状，而是尽量把注意力放到当下。在症状消失之前，找到症状与生活之间的平衡点，带着症状生活。这就是"顺其自然，为所当为"。

"那老师，我该怎么做呢？"

"首先，当然是相信症状的出现是没有恶意的。其次，当症状发生的时候，不对抗，不急于让它消失，而是去感受它，和它待一会儿，听听它想表达什么。最后，症状发生的时候，让自己顺其自然。比如，控制不住想要看别人，就去看；觉得别人在看自己，就鼓起勇气用目光去证实，看他是不是真的在看自己。"

"那老师，如果他真的在看我呢？"钱宇问道。

我笑了："那就对他笑笑，或者点点头，跟他打个招呼。"

钱宇也勉强笑了。

接下来每一次的咨询都分成两个部分，前半段面对钱宇的症状，他需要每周回来跟我反馈，他是怎么应对症状的，有没有"顺其自然，为所当为"。我们总结、回顾，再讨论怎么做会更好。而后半段主要用来疏解父母的焦虑。

钱宇非常配合，加上父母的支持，很快，他的余光强迫的症状减轻了许多，我发现他在跟我说话的时候越来越放松，眼睛都开始慢慢聚焦了。

和他的沟通越来越轻松，钱宇开始跟我分享他的烦恼和梦想，我们也开始开玩笑，开始说一些有趣的事情。我必须承认这是一个非常聪明，有自己想法的孩子，越是了解，我越是佩服他丰富的知识体量。

我也发现他与其他男孩子不一样的地方——这个年龄的男孩很愿意说自己心仪的女生，可每当我问他时，他都会摇头，然后快速转移话题。这会跟他余光强迫症的成因有关吗？毕竟所有强迫行为的背后都有一个想法，因为这个想法被压抑住了，才会有强迫的行为。

但不管怎么说，一切在朝着好的方向发展。

由于钱宇的症状有所缓解，加之他备考变得格外忙碌，我们的咨询由一周一次变成两周一次的相对稳定的状态。

突然有一天，我临时接到了钱宇父亲的电话，他在电话里很着急，跟我说钱宇的余光强迫症发作了，正处在崩溃的状态，需要见我。

见到钱宇时，他神情憔悴而恍惚，双眼散乱，完全没有焦点，眼眶发红，里面盛满了悲伤。

"老师，我活不下去了。"他哑着嗓子对我说。我吓了一跳。到底发生了什么？

我抽出纸来放到他的手心里，他哽咽着哭了起来，这一刻，他哭得像一个受尽了委屈的孩子。

我默默地陪着他，让他尽情地宣泄。

平静下来后，钱宇告知了我事情的原委。原来今天班里有一个孩子过生日，孩子的父母送了一个特大的蛋糕来教室，说借这个机会在高考前让大家放松一下，于是班主任带着大家一起点亮生日蜡烛，唱生日歌。也不知道为什么，老师点了钱宇的名，让他切蛋糕，把蛋糕分给大家。

这时，突然有一个女生轻声说："不要让他切啊……"

声音压得很低，老师听见了有人说话但没听清具体内容，于是问那个女生到底说了什么。

女生低下头,不肯再说。很多同学心领神会,哧哧地笑了起来,有一个男生大声说:"她说不想让钱宇切!"老师还在追问为什么的时候,全班已经哄堂大笑了。

"钱宇,你觉得他们为什么不想让你切?"我轻声问钱宇。

"他们嫌我脏。"钱宇低着头,脸上的表情是委屈混合着羞耻,令我不忍。

脏?我突然明白了过来。

"钱宇,是跟性有关吗?"

钱宇全身一抖,他抬起眼来,这一次他的眼睛完全聚焦了,他看着我,大声甚至是咆哮着对我说:"是的,他们说我猥琐!嫌我脏!"汹涌的泪水涌上来,他猛地捂住了脸。

这才是成因。他的余光强迫症跟性有关,余光强迫行为的背后是强烈的羞耻感。他无法控制自己去看的其实是隐秘部位。他控制不了自己,同时总是感觉到别人发现了他的余光,对他厌恶和评判。

一切要回到钱宇初三那年,相较同龄人,他发育得更早更完全。身体已经成熟,却没有人和他谈论过性、欲望。大家好像都认为这个问题是羞涩的、不能谈的、开不了口的。他懵懂的一些生理知识基本来自网络,他也会像其他同龄的男孩一样,偷偷看一些不雅小视频。

　　因为初三时中考压力剧增,钱宇对视频需求的次数明显增多。有一天晚上本该是做题的时间,他正在看视频,被突然进入房间的父亲撞见了。父亲吓了一跳,抬手就给了他一个耳光,说:"你才多大?你要不要脸啊?"他从来没有看到过父亲那样的表情,强烈的羞耻感促使他冲到阳台上想要跳楼。

　　最终,母亲把他拉了回来。接下来的一个星期父亲都没有和他说话。一个星期后,父亲终于开了口,说的却是其他事情,也没有再和他聊视频的事,一家人都当这件事没有发生过。

　　可从那时起,他就感觉自己的余光在不可遏制地偷看女生。他拼命地想要控制,控制反而让压抑住的欲望更加难以遏制。后来甚至出现了泛化,钱宇开始偷看的不再只是单个女生,甚至是女性群体,最后泛化到了男生,到所有人。

　　考上高中之后,压力相对变小,这个症状有所缓解。到了高三,面对高考的压力,这个症状再一次浮出水面,这一次的强度几乎让他没办法集中注意力上课。

　　性的能量是巨大的,却被同样巨大的羞耻感压制住了。这个无法流动的巨大能量,只能以一种扭曲状态显现出来。钱宇的余光强迫症,羞耻感才是根源,而压力只不过是催化剂。

　　我约见了钱宇的父亲,单刀直入地问起了初三那年发生的事。

父亲的脸一下子就红了，他无措到甚至说不清楚话。

孩子对于性的羞耻感来源于父亲。他在成长过程中被教育的是，在这个家庭里，性是肮脏的、羞耻的、不可以言说的。

我问钱宇的父亲，一个十五岁、身体已经发育完全的男孩子应不应该有欲望需求？我们允不允许他有这样的需求？或者说我们有没有资格去跟人的本能对抗和本能对立？

父亲喃喃说不出话来。

我诚恳地跟父亲交流，这么大的男孩子有欲望是正常的事。如果这部分令我们那么恐惧，那么要面对和处理的是我们的恐惧，而不是孩子的本能。如果家长无法正视自己的恐惧，那么这个恐惧就会变成焦虑，从而去压抑孩子身体内的能量。

当我们笃定下来，接纳了孩子的需求是正常的，才有可能去引导他，给他讲生理知识，去教他怎么管理自己的需求，而不是去否定和泯灭他的欲望，甚至是侮辱他。

我承诺会去跟钱宇沟通这部分，帮助他重建对性的科学认知。

而父亲欠缺的是对钱宇的一个真挚的道歉。

父亲流下眼泪。眼泪里有心疼也有歉意。

"老师，其实打完他，我就后悔了。我也不知道那时我为什么会用那么难听的话说他。我知道自己过分了，我只是不知道该怎么去跟他说，回避了一个星期我还是开不了口，后来想着都过去了，他应该也不会计较，就没有再说了。我是真的没有想到……"

我说道:"也许,我们都需要一些面对自己的勇气。钱宇是,您也是。"

父亲重重地点头,答应找一个合适的时机去跟钱宇道歉。

这个道歉我并没有听到,但我知道它发生了。我看到钱宇和父亲的交流慢慢变得更为融洽,我也了解到父亲对钱宇有了更多的包容和支持。在高考之前的一个月,父亲甚至自作主张给儿子请了三天假,带着焦虑的儿子去大理玩了一趟。钱宇抱怨着父亲浪费时间,但症状却慢慢稳定下来了。

我们咨询到这里,暂时结束了。

一个月后,钱宇参加了高考。他考上了自己心仪的大学。

看见你的"黑天使"

> 我养这个孩子实在太累了，我不知道他怎样才会好起来，很多时候我都会想要放弃，随他吧，我不想做他的母亲了……
>
> ——来访者：雨洁（化名）

一个人若总是让你痛，会不会有一种可能，他来到你的身边是为了以另一种方式拯救你？

来做咨询之前，雨洁先跟我做了电话访谈。

她九岁的儿子有偷盗的行为，屡教不改，她想试试能否借助心理咨询让孩子有所改变。

我坦白地告诉她，这么大的孩子，不管什么样的行为偏差都不会是孤立存在的，会和很多因素有关，比如环境、学校、父母的教养模式。我告诉这位焦虑的母亲，这次针对孩子的心理咨询，我需要父母一起参与到咨询中来。父母先有了改变的态度，孩子才会跟着改变。

我说完，雨洁沉默了一会儿跟我确认："父亲也一定要来吗？"

"是，家庭成员的参与本身就是给孩子一个态度：父母愿意和他一起面对，父母也愿意改变。"

这时雨洁说道:"老师,我一会儿在微信上再问您一遍,您能用文字把这些话再说一遍吗?"

我转了个念才明白过来,她打算把这些文字截图发给孩子的父亲,以此促使父亲也一起来咨询室。

夫妻俩为什么不能当面说呢?我有一些意外。

到了约定的时间,这一家人来了。父母站在孩子两边,九岁的儿子帅帅(化名)一手拉着一个,进了门都没松手。坐下后,小家伙也有要求,父母得分坐在他的两边紧紧靠着他。

"老师好。"他主动跟我打招呼,调皮地吐了吐舌头,帅气的小脸上洋溢着幸福快乐的笑容。

多可爱的孩子啊,这哪会是雨洁在电话里面描述的那个"小恶魔"呢?

雨洁口中的帅帅,在家里撒泼耍赖,在学校里顶撞老师、欺负同学,常常偷拿同学的文具,问起来就坚决不认、满口谎言,最近已经发展到偷拿雨洁钱包里的钱。像上一次,一下就拿走了五百元,雨洁发现后追问他,他满脸无辜地说自己不知道。把他带到学校旁边的玩具店,当老板亲口证实他曾拿着百元大钞来买过玩具时,他还说是路上捡到的钱。

我先介绍了自己,笑眯眯地问帅帅:"帅帅,你知道父母为什么带你来这里吗?"

他睁着明亮的大眼睛,毫不迟疑且没有一丝羞愧地说:"因为我拿了母亲的钱啊。"

"哦,那你拿母亲的钱,干什么去了?"

"给同学买礼物啊,谁跟我玩我就送谁。"

"这样哦,看起来有人能和帅帅一起玩,对帅帅来说很重要。"

他使劲点头,把头歪在旁边父亲的肩上,还拱了两下。那样地亲昵,让父亲情不自禁地抬手摸了摸他的脑袋。

"那帅帅,你觉得拿母亲钱这个行为好不好呢?"

"这是一个不好的行为,如果我不改的话,我这辈子就完了。"他一本正经地回答,一边答一边抬头看父亲。想必这些话是父亲对他说过的,我看到父亲对他鼓励地点了点头。

"老师,我错了,我以后不会这么做了。"帅帅突然开始道歉,眼神诚挚。

我定了定神,笑道:"帅帅,不急着保证。老师其实更想知道,你当时拿母亲钱的时候是怎么想的呢?我想知道那时候发生了什么。老师想帮你,父母也特别想为你做点什么,所以他们才一起来了。"

帅帅的眼睛里掠过一丝惊喜:"以后父母都会陪着我一起来吗?"

我还没回答,旁边的父亲揉着儿子的头,应道:"对,儿子,以后爸妈都陪着你。"

就这一瞬间，我心里突然冒出了一个猜测。

第二次咨询，帅帅的父亲没有来，听说是出差去了。

雨洁说帅帅的情况还不错，但我能明显感觉到相比第一次，帅帅情绪低落多了。

第三次咨询，父亲还是没有来，听说是出差还没有回来。

帅帅的情绪降到冰点，在咨询室里哭闹着要玩手机，焦躁且没有礼貌。

第四次，父亲没来，帅帅也没来，固执地要留在家里看电视，母亲红着眼眶一个人来了。

我刚问了一句："你哭过吗？"

母亲情绪就崩溃了，她捂着脸，失声痛哭起来。她是一路哭着来的。

最近帅帅状态不好，又完全变成了"小恶魔"。每天早晨哭闹着不肯起床，吃早点也是各种挑剔，煮了面条，他要吃面包，给了面包，他又要吃煎饼。好不容易把他送到学校，也是状况不断，和同学打架、跟老师顶嘴、上课时会突然站起来、把同学的文具扔进垃圾筒。老师拿他无可奈何，就只能不停地请家长。现在雨洁听到电话响都会一颤，害怕是老师打来的。就在昨天，帅帅又偷钱了，他从奶奶的包里拿走了三百元。

"老师，我养这个孩子实在太累了，我不知道他怎样才会好起来，很多时候我都会想要放弃，随他吧，我不想做他的母亲了。"雨洁的脸上不仅有疲惫，还有绝望。

"为什么父亲没来？他又出差了吗？"我突然问道。

雨洁愣了一下，答非所问："他下次会来的，奶奶昨天给他打电话了，跟他说了问题的严重性。"

"所以父亲为什么没有来？"我继续追问。

雨洁低下了头。

"雨洁，你能说一下你的夫妻关系吗？"

雨洁沉默了一会儿说道："老师，我们分居快两年了，他想离婚，平常都不回家。我考虑到帅帅，不想让孩子没有父亲，就这么一直拖着。"

我的眼前浮现出帅帅天真可爱的笑容，一时间我说不出话来。

"你和他父亲分居的情况，帅帅知道吗？"

"怎么能让他知道？我一直都在找借口，一会儿说父亲出差，一会儿说父亲工作忙。我就怕影响到孩子。"

"你真的觉得帅帅是不知道的吗？"

雨洁没有说话。

"或者说，你觉得现在这种情况对帅帅没影响吗？"

"老师，我知道的，我都知道的，可是我不知道要怎么办。"雨洁垂着头，哽咽着。

一个家庭就是一个动力系统，家庭出现了问题，常常会在某一个家庭成员身上显现出来。我们把这个显现问题的成员叫作问题索引人。一个家庭里孩子最敏感、脆弱、无私，他往往会牺牲自己，成为问题索引人，以自己的问题向这个家庭发出警示：出问题了，去解决它吧！

帅帅就是这个家庭的问题索引人。

雨洁的夫妻关系出现了严重的问题，已经濒临婚姻解体。雨洁担心伤害到帅帅，所以采用了回避隐瞒的态度。而孩子是极其敏感的，尽管父母不说，他也能清楚感受到父母的关系发生了变化，从而他就会牺牲自己，成为问题索引人，来拯救他的家庭。

他出现的所有问题只是为了吸引父亲的关注。他已经发现了一个启动装置，只要他出问题，母亲就会给父亲打电话，然后父亲就会回家和他们一起面对问题；因为他的问题，一家人又聚在一起，为了他而共同讨论、面对、齐心协力。如果过程中父亲懈怠了，他就会立即升级问题，让父亲不得不回到家里继续处理问题。

比如最近出现的偷钱行为，他发现只要偷钱，父母就会变得格外紧张，继而注意力开始全部放在他身上。这个时候长久不在家的父亲会回来，一家人手牵着手来做心理咨询。对于孩子来说，这哪里是咨询啊，更像是一次久违的家庭出游。

至于自己会不会被批评、被责备，会不会变得糟糕，他完全不在意。

当雨洁意识到帅帅企图用自己出问题来挽救家庭时，她很难过，捂着胸口哭得格外伤心。

她无助地问我："那老师，我要怎么办？他父亲是真的想要离婚啊。"

"那你想离婚吗？如果不考虑帅帅，你会离吗？"

"谁想跟他过？我就是为了孩子啊。"雨洁答得很快，但未免也太快了一点。

我沉默地看着她，没有说话。

在我的注视下，雨洁的身体缩小了，她流着泪蜷缩在椅子上，显得格外无助："老师，我很害怕，一想到未来，我害怕得睡不着，我不知道离婚后，我会怎样。"

母亲对未来的这种恐惧，孩子真切地感受到了。

我甚至能隐隐感觉到当帅帅出问题时，母亲一方面心力交瘁，另一方面也在想——终于有理由打电话给父亲，让他回到这个家了。这个理由充分且合理，父亲是无法拒绝的。

九岁的帅帅感受到了母亲的恐惧和想法，于是年幼的他尝试用自己出问题来帮母亲留住父亲，甚至不惜牺牲了自己。

所以也能理解为什么帅帅会满口谎言，为什么事实已摆在眼前却仍然不肯认错，因为在他眼里，父母的关系就是一个巨大的谎言；同样也能理解他为什么会偷钱去买玩具送给其他小朋友，这个近似讨好的行为也源于他对于亲密关系和被爱的渴望。

想要让帅帅好起来，首先是父母不要回避夫妻关系中的问题。在这个家庭里，父亲的不面对是回避，母亲的隐瞒也是回避。只有他们愿意坦诚面对自己的问题，把责任担起来，帅帅才可以安心地做一个孩子。

我给帅帅的父亲打了电话，请他务必参与接下来的咨询。他有一些疑惑，但为了帅帅，他还是和雨洁一起来了。

"老师，我不明白，为什么帅帅出了问题，他却不用来？"帅帅的父亲问我。

"你有没有想过，帅帅为什么会出问题？"我温和地反问。

"这还有为什么吗？"

"当然，看起来是帅帅出现了不良行为，但这个不良行为的背后一定是有原因的。"

当意识到帅帅出现不良行为其实是他们夫妻关系引发的问题时，父亲先是吃惊，但很快他就明白过来这才是事情的真相。

"这孩子……唉……"他的眼眶红了，他怎么也想不到那个调皮到让人恨的孩子，并不真的是个不可救药的坏孩子，其实是他们的天使，他竟然用自己出问题来促使父母面对真实的关系。

"那老师，你的意思是让我们不要离婚吗？"父亲疑惑地问我。

我摇摇头："不是。离婚与否，最终决定权在你们自己的手里。你们并不需要为了孩子不离婚。但你们需要为了孩子真诚地面对对方。如果你们彼此还有爱，那就解决关系中的问题。如果彼此没有感情了，那就友好分开。但不管是哪一种，都需要真实坦诚。"

"那老师，如果我们离婚，对孩子会有伤害吗？"雨洁问道，作为一个母亲最关心的还是孩子的感受。

"会啊。但是隐瞒和虚假地凑合对孩子的伤害会更大。父母过得这么痛苦，孩子又怎么会幸福？离婚肯定会有伤害，但你们也可以把伤害尽量减到最小，如果是就事论事的离婚，相对平静，不撕扯，孩子并没有失去父亲或是母亲，这样的伤害就会小很多。"

咨询转入了亲密关系方向。

他们审视彼此的亲密关系，是否还对对方有所挂念，审视自己在亲密关系里承担的责任。

离婚或不离并不是最重要的。最重要的是他们都变成能够审视自己的成年人，真实而有力量去承担自己的责任。当他们承担起自己本该承担的责任，像成年人那样，帅帅就可以安心地做孩子了。

爱"作"的女孩

> 我体会不到自己的感受，我也体会不到别人的感受。我感受不到他爱不爱我，我只有靠不停地"作"来证明他其实是在乎我的……
>
> ——来访者：秋秋（化名）

来访者秋秋最早来的时候，是因为她陷入食物摄取的焦虑里无法自拔，她总是不停地吃，吃完了以后又用催吐的方式来维持身材。通过咨询，她明白了当她摄取超出身体所需的食物时，很可能不是胃想吃，而是对爱的匮乏让她想吃。而真正能填满爱的匮乏的不是食物，终究也只能是爱。

之后，她有了新的咨询目标：她想要学习如何爱自己，同时也要学习如何爱别人。

最近她拒绝了一个自己还挺喜欢的男孩。拒绝的原因是她在上一段感情里吃够了爱情的苦，总觉得伴随爱情而来的很可能是无尽的纠结、心痛和绝望。

我很想多了解一些她在感情里的应对模式，就请她详细说一说她的上一段感情。

"我们是用命在谈恋爱。"她苦笑着对我说。

"如果满分是一百分，你爱他有几分？"

"一百零一分。"她几乎是不假思索，脱口而出。

一百零一分？好炽烈又沉重的爱！

联想到她孤独而又寂寞的童年，我想我懂她对爱的渴望。父母从来没有给过她无条件的爱，她希望在亲密关系中可以得到。所以一旦遇到爱就立刻紧紧拥抱。然而，这么炽热的爱，对于任何人来说都是难以承受的压力。

秋秋长相清秀乖巧，男生很容易被她身上文静柔和的气质所吸引。大二的时候，秋秋和同校不同系的一个男生恋爱了。

刚开始恋爱时，两个人还爱得相对克制尊重。但很快，品尝到爱情滋味的秋秋就开始完全沉浸其中，她关注男孩的一举一动，要求男孩不管在哪里都要向她报备，早上要发信息说早安，晚上要发信息说晚安。如果男孩稍有疏忽，秋秋就会用哭泣、不理睬的方式去惩罚男孩。

热恋中的男孩很快就会投降，并跟秋秋道歉。但时间一长，男孩慢慢就麻木了。秋秋不理他，他也就自顾自去跟自己的朋友们玩，也不理会秋秋。最终每次都是秋秋熬不住，主动跟他示好。两人和好后，秋秋又觉得心里憋屈，往往还是要借其他事情和他大吵一架。

到后来，两个人吵架变成了家常便饭。往往一件鸡毛蒜皮的小事，就会引发一场剧烈的争吵。

比如男孩抽烟。从他们开始恋爱，秋秋就要求男孩戒烟。热恋中，为了让秋秋开心，男孩痛快地答应了秋秋不再抽烟。但很快他就后悔了。毕竟他在认识秋秋之前就已经抽了好多年，一时也戒不了。于是他就背着秋秋抽，可是秋秋每次都能发现。

秋秋很伤心，把这件事上升到了爱与不爱的高度：你不爱我。如果爱我为什么不可以为我努力克制呢？你就是不在乎我。但男孩并不以为然，觉得这根本就不是什么大事，不过就是忍不住想抽烟而已，和爱不爱没关系。

和以往吵架一样，秋秋赌气不理男孩，但男孩已经习惯，并没有哄她，转头就和其他的伙伴去打球了。

这天晚上，秋秋买了一瓶白酒喝了下去，在宿舍里醉得不省人事，把其他的舍友吓坏了，连夜把她送到医院。男孩听到消息赶了过来，握住躺在病床上的秋秋的手，跟秋秋道歉，保证自己再也不抽烟了。

秋秋摸着男孩的脑袋，原谅了他，以为他这次肯定就能说到做到。

然而只过了一个星期，秋秋又在男孩身上闻到了烟味。

于是，秋秋指责男孩不爱自己，说话不算话。

男孩有些不耐烦，转身要走，说彼此冷静冷静再说。

秋秋不肯，她拦在男孩面前，要他说清楚到底还在不在乎自己。她陷在对自己的悲悯里无法自拔，完全忘记了自己最初不让男孩抽烟只是为了健康，而不是为了证明爱与不爱。

男孩要走，秋秋不让，两个人撕扯着。突然，男孩大喊一声，抄起了旁边的水杯，一下砸在了自己的额头上。鲜血流了下来，秋秋呆住了。很快她醒过神来，不甘示弱，拿起了桌上的裁纸刀，一下就划破了手臂。男孩冲上来抢，她挣扎着、尖叫着，直到男孩哭着认错，这次争吵才结束。

最后两个人一起去了医院，一个处理头部的伤口，一个处理手臂的伤口。包扎完出来，已是月上中天，在冰冷的月光下，两个疲惫的人相顾无言。良久，男孩叹了一口长气，紧紧地拥抱了秋秋，向秋秋保证自己再也不抽烟，保证自己永远都爱她。

这件事情后，男孩变得沉默了许多，但他确实真的不再抽烟了。

而秋秋对男孩的管控越来越严，男孩要跟谁做朋友，要参加什么活动，甚至考试要考到多少分，都得秋秋说了算。如果男孩做不到，秋秋就会大发脾气，说他不爱自己。她认为，如果对方爱自己，怎么会达不到自己的要求。

而用暴力的方式胁迫对方也成了秋秋的常态。她发现自己每次这么做，都会让男孩恐慌，然后对方就会不得不服从。

然而到了最后，男孩还是麻木了。记得两人分手见面的那天，秋秋再一次当着男孩的面割破手臂，男孩走了过来，握住秋秋的手，仔细地检查伤口后发现伤口并不深，他拿出一个创可贴贴在秋秋手臂的伤口处，然后拨通了辅导员的电话。他冷静地对秋秋说："这一次，无论如何我也要跟你分手。"说完，他转身就走了，留下秋秋一个人怔怔地坐在原地。

后来辅导员把秋秋送到了医院，在医院里，秋秋接受了心理测试，被诊断为重度抑郁症，转到精神科，住了一个月的院。

男孩再没有出现过。秋秋的舍友为秋秋传话，请他来看看秋秋，他对舍友说，希望秋秋能好好照顾自己。但终究还是没有来医院。

在医院的三十天，秋秋终于不得不接受他们已经分手的事实。

听完秋秋的讲述，我问她："我听到你说，你爱他一百零一分。那么，他收到了几分？"

秋秋无言，半响才苦笑道："应该不多吧……他对我说过，他觉得我根本不爱他，只是想占有他。"

"那么秋秋，满分一百分的话，你觉得他爱你有几分呢？"我又问她。

秋秋的眼睛红了，很快，她做了一个深呼吸，笑道："我不知道。我是真的不知道，他到底爱不爱我。"

我停了一下，问道："秋秋，我看到你眼睛红了，你能告诉我,你现在的感受吗?"

"还好吧,老师,也没什么啦。"她又笑了。

我没有笑,严肃地看着她:"秋秋,你在跟我说你的过往,你的伤心事,说到难受的时候,我看到你眼眶里有泪,我一度以为你会哭,但每一次你都会很快平静下来,然后笑起来。你有意识到吗?"

秋秋点了点头,再一次笑了起来:"对啊,老师,哭有什么用吗?"

我捕捉到了这个点,这很可能是秋秋爱情失败的原因。

她的感受性有些欠缺。在她的信念里,感受这件事,无用又危险。她屏蔽自己的感受,所以她也体会不到别人的感受。这也是她难过的时候就不断去吃食物的部分原因,她感受不到她的难受是来自自己的心,而不是来自自己的胃。

问题还是要从她的原生家庭找。在她幼年时期,她和父亲基本见不到面,而她的母亲又跟其他男人走了,爷爷奶奶忙于维持生计也顾不上她。小小的她哭过、伤心过、要求过,可是这些感受无人回应,甚至显得多余。奶奶每一次看到她哭都会不耐烦地呵斥她,让她闭嘴。于是她就学会一件事:哭是没有用的,感受也是没有用的。这些只会给自己和他人平添烦恼。于是她慢慢地把自己的感受屏蔽。只要她感受不到难过,就感受不到痛苦。

当她开始恋爱，她没办法通过感受去体会对方爱不爱自己，她只能依靠对方是否满足自己的要求来判断对方是否在乎自己。而对方满足了她的一个要求后，内在的不安全感会让她很快找到一个新的升级要求，她需要不断地让对方用服从来证明爱。

我们平时常会说一个人"作"，其实这样的"作"不仅来自不安全感，还来自欠缺的感受性。看不到内心的感受的人，就不得不靠"作"这个行为来验证对方的真心。

秋秋的功课是找回自己的感受性。先感受到自己，再感受别人，否则秋秋很难去开启一段健康的亲密关系。就算开启了，也很有可能会因为感受不到对方的真实需求而重蹈覆辙。

孤独而又无助的童年，让她丢失了自己的感受性，她需要和童年的自己和解，去找回自己的感受性，去真实地看到自己。

这段旅程不容易，还好秋秋真的很努力。

我陪着她回到童年，在催眠中，她看到了幼年时坐在门槛上茫然凝视着门前大山的自己，她尝试着去拥抱那个小女孩，去对她说："我知道你很难过，你很想父母，可是你不敢哭，也不能哭。现在你哭吧！我已经长大了，我自己有力量了。我要拥抱你，你可以伤心、难过，可以大声哭，我会心疼你。"

当她抱着肩，蜷缩着，如同一个小女孩般发出细微而忍耐的哭声时,她的感受慢慢回来了。

我鼓励她发出声音,大声哭出来。她大声哭了出来,二十年的岁月在她的眼泪里倏忽而逝。

这是一个特别好的开始。那以后,她在咨询中开始允许自己哭泣,也开始允许自己有一些愤怒的表达。她开始看到自己的感受以及感受背后的需求了。

我想试着让她不仅能看到自己,也能看到别人。

我在咨询室里面对面放置了两把椅子,一把椅子上坐着秋秋,另一把椅子是空的,我请秋秋想象上面坐着自己曾经的爱人。

我问秋秋当他们争吵的时候,她的感受是什么。秋秋体会着,回答道:"愤怒。"

于是我在两边椅子中间挂了一块纱,代表愤怒。

秋秋继续说:"恐惧、悲伤、委屈……"

于是我分别挂上了其他的纱,代表各种感受。

接着我又问秋秋:"你能猜一下他的感受吗?"

秋秋沉默了一会儿,说道:"愤怒?委屈?悔恨?恐惧?"

我又分别挂上了其他的纱,代表男孩的感受。

现在两边椅子中间,挂了六七块纱。

我问秋秋:"你看得到他吗?"

秋秋摇了摇头。我又问:"你觉得他看得到你吗?"

秋秋再次摇了摇头。

"所以你看,有这么多的感受在你们中间,尽管你爱他一百零一分,但他看不清你的爱。而他爱你多少,你也看不清。"我说道。

秋秋眼睛湿润了,跟以往一样,她深深吸了一口气,唇边掠过一个微笑,我蹲在她的面前,及时地摁住她的手,说道:"不,别躲开,去捕捉这些感受。你要允许它们出现,你可以哭!可以喊!可以替它们表达!让它们流动起来!"

秋秋终于哇的一声,哭了起来。这一次秋秋一直哭了半个小时。

等她平静下来,我告诉她,感受就是信使,每一个感受的背后都会隐藏一个需求。只有去看到感受之后的需求,这些感受才会真的平复。我引导她去看到每一个感受背后的需求。

"我愤怒的原因是气他不懂我,我需要他爱我,理解我。"

"但是好像你并没有告诉他你需要的是爱。你用的是吼叫和怒骂,那么他只能体会你的愤怒,他很难猜得到你想要什么。现在你可以直接把需求告诉他吗?"

秋秋颤抖起来,过了很久,她终于对着假想中坐在对面的爱人说道:"我需要你爱我、理解我。"

我撤掉那块代表秋秋愤怒的纱,继续问她:"那悲伤后面的需求是什么?"

接着我们发现，悲伤、委屈、恐惧的背后其实都是爱和理解的需求。

秋秋表达着，我把一块一块代表着感受的纱撤掉。

很快，到了象征对方感受的纱。

"你猜他为什么会愤怒？"我问道。

秋秋眼含热泪："他气我不理解他，他是在乎我的。"

"好，把这句话说给他听。"

"我知道，你愤怒是因为我不理解你，你也需要我爱你。"秋秋低声说，眼泪流了下来，我撤掉了代表男孩愤怒的纱。

男孩的委屈、悲伤、恐惧的后面也是爱与理解的需求！

终于，所有的纱都被撤了下来，两把椅子面面相对。秋秋热泪盈眶，看着对面的空椅子，对曾经的爱人喃喃地说道："对不起。"

这一刻，她终于看见了自己，也看见了对方。她开始跟对方共情，与对方在灵魂的层面相遇。

看见，就意味着愈疗的开始。

秋秋能看到她自己在过往的感情里可以承担的责任，就意味着她很有可能在新的感情里选择改变。

她可以学习去把自己的需求跟对方做表达，而不是单纯地感受宣泄。她可以在亲密关系中选择新的交流模式。

这对她来说就意味着她可以选择更好的、更负责任的人生。

我们每个人都需要被真实地看到，感受到。这对我们意义非凡。

在所有的关系里都如此，在亲密关系里也一样。

感同身受，如果我们可以带着慈悲与爱，以不完美的自己，真实地看到对方，我们就可以在灵魂的层面相遇。

没有完美的人，
只有完整的人。

我们这么努力，
只是因为我们想活出真实的、
完整的自己。

而想要活出完整的自己，
唯有先接纳不完美的自己。

这是所有可能性的开始……

我在人群中
好孤独

chapter 2
接纳不完美的自己

是谁一直在吃

> 我的面前不能有食物，不管我想不想吃，喜不喜欢，只要放在面前，我都会把它们吃下去。有时候，我的胃已经撑得很满了，可是我还是机械地吃着，停不下来……
>
> ——来访者：周周（化名）

会计师周周没有办法控制自己的食欲。她的面前不能放食物。不管好吃不好吃，她都会控制不住地把它吃下去。

她跟我描述了自己的晚餐：两个苹果、一包薯片、一包方便面、两个放置很久的馒头、一份外卖炒饭和一瓶附赠的饮料。

随着她的描述，我眼前出现了动态的画面。一开始，她给自己制订的计划是吃两个苹果，结果还没到晚餐时间，她已经把这两个苹果吃完了；然后看到茶几上放着的一包薯片，内心挣扎了一会儿，又吃了下去；接下来她想，反正也吃了薯片，本身的饮食计划已经被破坏了，于是她又泡了一包方便面；吃了方便面后意犹未尽，从冰箱里又找出两个馒头，热了一下后涂上豆腐乳又吃了下去；这时她的心理防线已经完全被攻破，她又拿起手机点了外卖。一边懊恼地责备自己，一边吃下外卖，并且喝了附赠的含糖量极高的饮料。

"你真的能吃下那么多的东西吗?"我有些疑惑。她看起来身材苗条,甚至偏瘦。光看她的体形,真的没法想象她的胃有那么大的容量。

她答道:"老师,我会吐出去的。每吃完一样东西,我过一会儿都会把它吐出去的。"

"催吐吗?"

"是的,我吃完了东西都会吐。吐完了我又控制不住继续再吃。"

"你吃的东西都是你喜欢的吗?我的意思是,你有吃的乐趣吗?"

她再一次苦笑:"老师,我的困扰就是明明不觉得很好吃,可我就是没法不吃。只要面前有吃的东西,我就必须把它吃下去。有时候,感觉已经很撑了,我还是会控制不住地把面前的食物吃完,然后再去吐。"

"你吃东西的时候会很专注吗?"

她摇摇头:"并没有,我吃东西时一定要看点什么。原来是看言情小说,现在是看电视剧。"

我点了点头,一时不知道该和她说些什么。她的描述让我的眼前出现了这样的画面:喧闹的电视机前坐着一位瘦弱的少女。在她面前放着一些食物,少女呆呆地看着电视剧,跟着电视里的情节笑或是叹气,机械地往嘴里塞着可以下咽的东西。

匮乏。在我大脑里冒出来这样一个词。

她在吃，但她并不喜欢她正在吃的食物；她吃的食物都不太精致，并且遇到什么就吃什么；哪怕是她点的外卖，也只是功能性极强、用来果腹的东西。她一边看剧一边吃，注意力从来都没有放到过食物本身的味道上。她机械地吃着，停不下来。就好像她的心里有一个很大的洞，需要用食物来填。

那个洞是怎么出现的？我很想去看看。

"会不会是因为我小时候常常被饿着，只有土豆可以吃？"她自嘲地笑了起来。我意识到这可能是个突破口，就请她再多说一些。

在周周的记忆里，童年的景象是横亘绵延的大山，是裸露着的红色的泥土。爷爷弯着腰把土豆从红土里刨出来，坐在火灶边的奶奶把土豆放进火里烤熟。这就是他们的一餐，有时也会多加一盆漂着几片火腿、放了很多辣椒的白菜汤。周周挨着奶奶坐，把烤出来的土豆在手里倒来倒去，等不那么烫了，再把外面烤焦的黑皮剥掉。

说到父母，周周很少能见到父亲。听家里人说，她的父亲在很远的地方打工，不定期地寄钱回来维持家用。只有每年过年的时候他才会回来短暂地待两天，都来不及和孩子熟悉就又走了。而她的母亲在丈夫出门打工的第一年，因为不想再过这样的日子，跟一个外乡人走了，从此再无音信。

平日里爷爷奶奶要下地干活，没精力管她，常常把她一个人留在家里。在童年时期，她没有玩伴，因为村子偏远甚至没有人路过。小时候的她常常一个人坐在门槛上，对着面前的大山发呆。那时候的她想，这看不到尽头的大山背后到底有什么吸引力，能让父母不顾一切地跑出去？

坐着坐着有点饿了，她站起身来，从屋角堆着的土豆里拿出两个埋进火灶。

这就是她的过去，一个人孤独而又寂寞地长大了。这世上似乎没有人需要她，她也不太需要什么人，就在一个角落里被世界遗忘了。

"你还记得你是从什么时候开始控制不住对食物的欲望的吗？"我问她。

她沉思了一会儿，答道："大二那年吧。我还记得那时舍友们都很羡慕我，她们到处跟别人说我很能吃，不管怎么吃都吃不胖。但她们不知道，我每一次吃完以后都会去卫生间吐。"

"大二？那年有发生什么事吗？"

她想了想，答道："我恋爱了……老师，这会有关系吗？"

"很有可能，但我也不确定。你能说说你的恋爱经历吗？"我答道。

周周从小就发誓一定要走出大山，而对于当时的她来说，能够看到出路的方向，只有学习。在初中和高中阶段，她所有的注意力都放到了学习上。到了大学，整个人的状态都放松下来，她很快就迎来了自己的爱情。然而，用她的话来说，这一段爱情几乎要了她的命。

"老师，当时爱情就是我的全部。"她是这样评价自己的。

周周和她的恋人个性都很强，彼此很在意对方。但也许正是因为这份在意超出了常态，两人之间的关系总是针尖对麦芒，因为一点点小事都会闹得不可开交。在这段感情中，双方都很痛苦。等到最终感情分崩离析的时候，两个人都好似脱了一层皮，周周也就此不再敢尝试新的恋爱。也就是从这时起，周周开始控制不住自己吃的欲望。但为了维持身材，她总是吃完了以后再吐出去。

周周在讲述这段过往的时候几次都眼眶泛红。我以为她会流泪，但她很快又笑了起来，貌似不经意地对我说："老师，可能这就是命吧，没办法。"

我想了想，问道："这样看来其实你一直都克制不住自己的食欲，这样的情况好像也有三四年了，似乎你也逐渐习惯了。那这一次是什么促使你想要改变现状呢？"

"从昨天晚上六点开始，我反反复复地在吃和吐之间挣扎。到了晚上十二点我还忍不住叫了份外卖。我真的是一边责备自己,一边哭着吃。凌晨一点多的时候,我趴在马桶上吐完,抬头看到镜子里狼狈的自己。我就想试试,有没有可能从这样的困境中走出来,不再这样继续下去了。"

"这段时间发生什么事了吗?我感觉到你似乎特别焦虑。"

她红着眼圈笑了:"我拒绝了一个男生的表白,但其实我是有点喜欢他的。"

我想我知道她为什么会这样了。

如果我们吃下超出生理需求的食物,那很可能感到饥饿的不是胃,而是其他部分的匮乏。

这是焦虑、寂寞、孤独、对爱的渴望在"吃"。

人是生活在群体中的动物。对于每个活在群体中的生命来说,能够得到无条件的爱,是这个世界给予人的一个巨大的礼物。尤其是在生命之初,我们来到这个世界时,完全是依靠别人活着的。当我们一无所有时,最大的需求就是被无条件地接纳。如果有人在生命之初可以无条件地爱我们,不嫌弃我们哭闹、排便,并且全身心地爱我们,我们的生命底色就会是明亮的。这样的生命底色会让我们觉得自己值得被爱,让我们觉得自己拥有足够的自我价值,让我们相信我们是被这个世界欢迎的。

理论上,每个人生来就"配有"一对父母,为了让我们可以得到这样无条件的爱。但现实并不是这样,并不是所有的父母都有能力和条件给孩子这样的爱。

像周周这样的情况,父亲在外打工,母亲离家出走,她只能被托付给年迈的爷爷奶奶,而爷爷奶奶忙于谋生,也没有更多的爱给她。小时候的她只能一个人孤零零地自己照顾自己,爱对于她来说是一种奢侈品。她从来没有被无条件地接纳和爱过。

随着人的成长,对爱的渴求变成了一个巨大的洞。

当周周遇到爱情,她下意识地想要用亲密关系来填这个洞。她期待对方能够用无条件的爱填满自己童年时期未曾得到过的缺憾。但是她的洞太大了,希望和期待的情绪都太过激烈。如果对方安全感也不足,或本身也缺乏爱,反过来还需要她给,那么两个人很可能就会彼此伤害和纠缠。这就是她上一段爱情失败的原因,最终她发现靠别人给予的爱来填满自己的匮乏只是奢望。

可是那个空洞还在,而且这个洞随着她拒绝了一个自己比较满意的男孩变得更大、更空。这个时候拿什么填呢?食物是相对安全的选择。更何况,她还找出应对吃撑的方法——吃了以后可以再吐出去。

她清楚这个行为不好,只是停不下来。因为她对爱的渴求停不下来。

同样的,但凡有超过我们身体需求而停不下来的行为,都有可能是内在的匮乏在主导我们的想法和行为。比如,购物、抽烟、喝酒、自我伤害成瘾，根本停不下来。这个过程中停不下来的不是行为，而是欲望。

那么，周周可以做些什么呢？

首先她需要停止催吐，这是一个对身体损害很大的行为。胃酸反流，损伤消化道、食道，而且很有可能引发厌食症。以下三个步骤或许可以帮助她。

当她想要吃食物时，她需要按下一个暂停键。先问问自己，是真的渴望那个食物，还是说只是因为心里的那个洞张开了口？如果答案是并不是渴望那个食物，再问问自己有没有可能不去吃。

如果还是想吃，那就和自己商量一下，我是可以吃的，不过我等十五分钟以后再吃。一般熬过十五分钟，自我控制感就会被强化，很有可能熬过下一个十五分钟，甚至真的做到不吃。

如果实在是忍不住，那也不用折磨和为难自己，就先吃吧。但请尽可能正念地吃，关掉电视、放下手机，全然地去享受和食物在一起的时光，去体察食物的色、香、味，去感受食物饱含的味道以及咀嚼的过程中发生的变化，去体会食物的丰富层次。当注意力全然放在食物上，很可能进食很少大脑就已经接收到足够的愉悦感。

周周很愿意配合这个干预方式。时隔一周后她告诉我，虽然她还并不能完全控制自己想吃这件事，但是催吐基本被遏制住了。

我对她说，这只是个初步干预，这些建议和方法其实是治标不治本的。因为那个洞一直还在形成干扰，匮乏也没有真的被填补好。其实当周周停止了用食物来填后，我非常担心她会用其他的方法去让自己得到满足感。

解决问题的根本点在于，既然匮乏的初始点是爱，那就必须用爱来填。

对食物依赖的背后其实是她内心深处爱的匮乏。她太渴望有一个人可以无条件地爱自己，不论自己的经济实力和样貌性格。那样她因爱的匮乏而生出的洞就会愈合。

"老师，我要到哪里去找这个人？"她听完之后怅然地问我。

"没有这个人。"我答道。

"那我不是永远都好不起来？"她看上去更沮丧了。

"不，你自己可以做这个人。你要先好好爱自己。"

盼着别人来到自己的生命里填补匮乏无异于寄希望于海市蜃楼。从现实来看，只有自己才是最稳妥、有效的那个"爱人"。

如果她对于陪伴有需求，她就应当花些时间好好地陪伴、感受自己。如果她希望被看重，她就需要去学习、结交志同道合的朋友、找到自己的优势资源、把自己的优势放大，从而让自己能认可自己。

她需要多把注意力放在自己身上，去倾听内在的声音，远离无效社交。她需要去拥抱过去并告诉童年的自己，你没有人爱不是你的错。

当她慢慢地一点点去把那个匮乏的洞填起来，变得完整（不是完美），她自然会拥有爱与被爱的能力，她就可以寻找到那个与自己契合的人了。就算那个人始终没来，她也不会太遗憾，因为她拥有了爱自己的能力。那个人只是锦上添花，而不是雪中送炭。

比"你若盛开，清风自来"更好的状态是：好好爱自己，我自盛开，管他清风来与不来。

爱上一个"坏男人"

> 我当然知道他是个坏男人，可是那又怎么样？如果不是这个男人，我就完全没有为自己活过……
>
> ——来访者：芳如（化名）

芳如来做咨询是她的姨妈推荐的。这位姨妈在一所学校当老师，听过我的讲座，有我的联系方式。

姨妈在电话里跟我感叹芳如的情路坎坷："老师，我是觉得她必须来做咨询了。我这外甥女长得特别好看，就是遇不到好男人！不是没有好男人追她啊，她的一个同事，儒雅帅气，又很能干，马上就要升职。他很喜欢芳如，来过家里几次，我们都觉得不错，她偏不喜欢。最近我们才发现，她自己交了个男朋友，两个人好得如胶似漆。了解后我们差点没气死！那个男人连个正式工作都没有，喝酒、抽烟、打架样样在行，进过监狱，还离过一次婚！偏偏芳如着了魔似的要和他在一起。为这事她母亲心脏病都快发作了。我看她就是心理有问题！老师，我让她来找你！"

"她自己愿意来做咨询吗？心理咨询的原则是自愿……"我还没说完，姨妈就很有信心地打断了我："愿意的，愿意的！我开了口，她还能不愿意吗?！"

过了两天，芳如真的来了，但是看上去并不像姨妈说的那么情愿。她礼貌而客气地跟我打了招呼后就远远地坐在角落里，清秀的脸上保持着疏远的笑容。

我问她："为什么想着来做咨询？"

她脸上掠过一丝无奈："姨妈一直在说，我妈也在说。我觉得来就来吧，也没什么。"

"听起来，是姨妈和母亲认为你应该来做咨询，其实你并不认为自己需要来。"我笑着说。

她抬起眼来，看了看我，似乎接收到了我友好的信号，她脸上也慢慢浮现出一个略微不好意思的笑容，轻轻地点了点头。

"我有点好奇，如果你不想来，你为什么不拒绝？"我突然问道。

芳如回答我："要是我不来，她们就会一遍一遍地唠叨我，说不定我妈还会哭。"

"听起来，好像母亲哭是一件让你特别不能忍耐的事。你很怕令她或者是别人失望吗？"

我问完这句话后，她愣住了，她看着我沉默了半晌才低声答道："是的，我很怕她哭。她哭起来，我就感觉自己像是犯了罪。"

她打开了话匣子，跟我说起了她的成长经历。

从小到大，芳如一直是传说中那个别人家的孩子。她成绩好，长得好看，有礼貌又懂事，初中和高中的老师就像是约定好的一样，一直都让她担任班长。学校里文艺会演时，她的钢琴表演总是压轴的节目，学校各种比赛她都参加过，各种奖项拿到手软。

同龄的孩子难免都会有青春逆反的时候，她却从来没有过。她就这么按部就班地成长为一个听话、出色的孩子。母亲总是跟别人炫耀：我家芳如太乖了，从来都不给我添乱。

跟她同班、同年级的家长看她母亲的眼神都是羡慕和嫉妒，谁家不想养个芳如这样的女儿？

我听到这里，开始思考。

在我的经验里，孩子成长的过程就是和父母分离的过程，是形成自己的思想、观点、价值观的过程，这样孩子才能逐渐成为自己，有自己的思想，有自己解决问题、承担责任的能力。而这样的成长不可能与父母的期待完全吻合，因此一个正常的孩子不乖才是常态呀！

所以，芳如，你为什么这么乖？

乖得好像一个假小孩。

芳如低着头说："我妈有心脏病，动不动就发作。我记得小时候，有一次做家庭作业字写得不够整齐，我妈让我重写，我不肯，就顶了几句嘴，然后我妈捂着心口就倒下去了。我吓得呆住了,后来我爸冲进房间来,给我妈吃救心丸。他一边给母亲顺着胸口一边对我说:'你要是把你妈给气去世了,你就再也没有妈了!'"

芳如不想没有母亲,就只能乖乖听话,时间一长,服从就变成了习惯。考大学时,明明她的分数可以考省外更好的大学,父母却一定要她在家门口上学;大学毕业,当听到她下了决心想去另一个城市工作时,母亲的心脏病发作了,并被送进了医院。她不得不再一次妥协,按照父母的意愿留在了本地的一个单位。

芳如在表述的时候,房间的空气渐渐凝结,我留意到她不停地深吸气,就好像胸口那里压着一块大石头。

"你不舒服吗?"我关切地问她。

她摇了摇头,眼泪却从眼眶里滑了出来。

"你哭了,"我凝视着她,"你的眼泪是为了什么?"

她抬手捂住了脸,衣袖滑了下来,我发现她的小臂上有深深浅浅、新旧不一的伤痕,明显是用刀片之类的器具割的。

"我可怜我自己,别人过不下去还可以抑郁,我连抑郁都不敢。"

连抑郁都不敢是种什么样的感受?

我看着她手臂上的伤痕大致能猜出来,在长期的压抑、令人窒息的氛围里,她也尝试用伤害自己的方式对抗过,但看起来,她的抑郁明显对抗不了母亲的心脏病。

那些众人眼中的乖孩子们，大部分会面对高控制欲的父母。那样的乖，并不是一个真实的状态，而是不得不顺从的状态。他们不得不压抑自己的天性，让自己的行为符合父母的要求，从而得到认同，求得生存的空间。

芳如就是这样成长起来的乖孩子。不管看起来多么出色、乖巧，她一直都活在父母的期待里，而未曾活成过自己。母亲的死亡威胁已经成为束缚她的紧箍咒，从小到大她一直压抑着自己的天性，小心翼翼地活着。她也想逃离，想做自己——在大学毕业的时候，她似乎也曾有过这样的机会，然而微弱地挣扎之后，她再一次向"命运"低了头。

你能想象到她的绝望。然而，令人难过的是，她不得不一直扮演着这个好孩子的角色。她早已经习惯了不能让母亲，甚至是不能让长辈失望。

所以，那个在母亲和姨妈口中的坏男人，似乎是她第一次对长辈的忤逆。我猜测这个男人一定对她有着特别的意义。

"芳如，在你姨妈的眼中，你的男友糟糕透了。我很好奇，在你的眼里，那是怎样的一个男人？我想听你说。"

"他呀，"芳如的眼里闪过一丝兴奋，很快答道，"我姨妈说得对，他糟透了。"

这个回答未免太直白，我愣了一下："所以，你是爱他的吗？"

"我离不开他。"

"离不开他？我有点不明白，你愿意多说一些吗？"

芳如点点头，声音变得高亢："就是离不开他啊，我也不觉得他好，他有很多坏毛病，可是我就是离不开他。所以我母亲、姨妈才觉得我有病，让我来做心理咨询。"

"所以，你是爱他的？"

"他条件真的不好，离过婚，坐过牢，还爱喝酒，发脾气。我妈说如果我和他在一起，她会被我气死。"芳如答非所问。

"所以，你是爱他的？"我执着地继续问，为了强调，几乎是一字一顿。

芳如沉默了，过了许久，她才带着一丝惆怅问道："老师，什么是爱呢？"

"芳如，如果你都不确定自己爱不爱他，你为什么要和他在一起？"

芳如张了张口，正准备说话。

我制止了她："先别急着回答我。我想带你做一个练习，我想请你闭上眼睛，把注意力放到感受上。"

芳如有些不解，但她还是照做了。她闭上了眼睛。

"芳如，当你想到和他在一起，你大脑里浮出的画面是什么？"我放慢语速，问道。

芳如闭着眼睛，眉头皱在一起："哦……我母亲很生气，她气坏了，捂着心口使劲骂我。"她睁开眼睛，"老师，这怎么啦？"

我平静地看着她:"我只是感到奇怪,感受和他在一起的场景里,没有花前月下,没有甜言蜜语,就连吵架也没有,出现的画面竟然是母亲?难道出现的不应该是你们吗?"

芳如半张着嘴,呆住了。

我冒了个险,质疑道:"你母亲说,如果你跟他在一起,她就会被气死。我不知道,我只是猜测,这会不会就是你离不开他的原因?你就是想让母亲生气?"

芳如神色变幻,气愤、怀疑、悲伤轮番在她脸上浮现。最后,她垂下脸,哽咽着哭了起来。

看起来姨妈的描述是客观的,这个男人条件确实不好。姨妈看到的事实,芳如也看得一清二楚。但芳如根本不在意在这段感情里会不会受伤,也许在潜意识里她甚至渴望被伤害,因为这是她对那个听话的自己的一个否定,甚至隐含着对听话的自己的憎恨和惩罚。

这也是对她母亲的报复。如果听话的自己受了伤,母亲一定会很难过吧!

你看,她未必爱这个男人,但这个男人是她唯一的救赎,是她唯一可以反抗母亲的可能性。如果不是这个男人,她就完全没有为自己活过,她真的可能会彻底崩溃。

幼年未曾得到过的，我们都会想要在亲密关系里得到，那是我们可以满足自己愿望的机会。而自由和天性是芳如在成长中从未得到过的，于是成年后爱上一个象征着自由的"坏男人"成了芳如的选择。

"坏男人"似乎对女生有天然的吸引力，尤其是对那种成长过程中很乖的女孩。

坏不见得是真的坏，但能被称为"坏"，意味着这个人是不死板、鲜活流动、敢于活出自己、不循规蹈矩、有个性的。当然，也很有可能是帅的。但帅不帅也不重要，重要的是对于芳如来说，那样的鲜活自在是一种情感补偿，是对她单调无趣的成长历程的补偿。

爱上这样一个男性更像是一种反抗，是她为自己发声，是对母亲的束缚的无声呐喊。

只是，爱上"坏男人"的代价实在是太大了。

因为这样的爱基于补偿、惩罚、报复，就是不基于爱本身。

而且很有可能，这样的坏男人，除了姨妈已经完全看到这个人品性不端的本质，在自在、有情趣的同时，可能会有其他更大的问题。

芳如这样"自毁式"的反抗，会伤害母亲，更会伤害她自己。

"芳如，我知道今天你来做咨询，是母亲和姨妈让你来的，不是你自己的意愿。但是你毕竟还是来了，我想也许你的内心对咨询也是有一些期待的。如果今天抛开母亲和姨妈的因素，你是为自己而来，你希望达成怎样的目标？"待芳如的情绪慢慢稳定下来，我问道。

简单的一问，芳如却愣住了。为自己吗？这不在她的经验范围内。半晌，她才迟疑着答道："我没想过，让自己……更快乐？"

"你不快乐吗？"

"不快乐。"她答得快且肯定。

"那芳如，我们的咨询目标可不可以就放在提高生活的快乐指数上？我们一起来看看，怎么做，会令你的快乐指数有所提高？"

我没有把咨询目标放到让芳如离开这个"坏男人"上，看起来，这也不是芳如的目标。这个"坏男人"的存在眼下对芳如来说仍是有意义的。

我更想帮助芳如自我成长和自我联结、找到快乐和自在的感觉。当她有能力去为自己做决定，去体验自在并活出自由时，她就能看清自己对那个男人的情感不是真爱，更多的是补偿。她就能看到自己爱上"坏男人"这个行为的背后，其实是对自由并活出自己的期待。一旦看到，她就有了新的可能性。为自己而活，一定要靠别人吗？有没有可能靠自己？

每周一次的咨询一直持续着，芳如都会准时来。她的姨妈和母亲都很开心，但我知道，芳如并不是为她们而来，而是为自己而来。

随着时间的推移，芳如开始为自己做越来越多的决定。为自己而活，这才是让生活自在快乐的重要因素啊。

她对母亲的态度自始至终都很温和，但我开始看到温和下面有了坚定。她和母亲的界限慢慢建立起来了。

有趣的是，咨询持续到半年左右，芳如和她的那位男友提出了分手，而芳如的母亲却打电话来责骂我，问我到底是怎样跟她女儿做的咨询，令她的乖女儿越来越不听话和逆反。我温和地提醒她，芳如已经二十四岁了，"听话"本来就不是用来评价一个成年女性的。她的母亲很生气，在电话里警告我说，她要让芳如结束在我这里的咨询。

我完全能够理解。芳如的自我越来越强，母亲开始意识到她要失去一个听话的乖女儿了。这是母亲完全不熟悉的模式，失控感令她倍感焦虑。

芳如再来时，我跟她讨论了这个电话的内容，芳如表现得特别笃定："我妈也许会失去一个听话但不开心的乖女儿，但也会多出一个活得自在开心，清楚自己要什么的新女儿。"

"老师，她只是需要时间，她会接受的。"她坚定地对我说。

咨询整体结束后，过了很久，我和一位朋友在咨询室楼下的咖啡店里喝咖啡。那是一个惬意的夜晚，借着晚风，细雨轻轻飘下来。店员伴着雨声换了一首稍微带一点摇滚风格的音乐。

音乐声中，角落里坐着的一位短发女生站起身来准备离开。与她同行的是一个儒雅的男子，贴心地为她披上外衣，看着她的眼神里是浓得化不开的爱意。

这时，短发女生侧过脸来，我认了出来，那是芳如。

她也看到了我，我们隔着整个咖啡厅，相视而笑。

我到底是谁

> 从我出生开始,我就一直在寻找一个答案,我到底是谁?没有身份,这是我的心魔,是我的执念。这意味着我没有价值,从来都没有真正地被认可过。
>
> ——来访者:赵灿(化名)

跟以往所有的来访者都不一样,赵灿一开始就清楚地告诉我,她不需要解决问题,她就是花钱来找个信得过的人听自己的故事。

"老师,你不需要为我解决任何问题,我的问题谁也解决不了。我就是憋得难受,实在没地方说!"

我仔细地打量着她,穿着得体,化着精致的妆容,脸上神情倨傲,眼神冰冷,基本没什么笑容,确实就是没有什么知心好友可以说说的气场。

我看了一下她登记的信息,她曾经有过多次心理咨询的经历,再一看,她交了三次咨询的费用。我瞬间就明白了,她打算说完这三次就结束咨询。就如同她曾经做过的咨询那样。

她坐下来后,就开始骂自己的老公。

他就是个普通的保险销售，完全没有上进心。遇到自己才住上了大房子、开上了车。命运改变了，却一点都不懂感恩，什么责任都不承担，孩子的教育也不管，家里的家务也不做，天天一回家就打游戏。就这么个一无是处的人，居然还能有外遇，几次三番要离婚。

"听起来你对他全无留恋，那为什么不离？"我问道。

她瞟了我一眼，冷冷地说："他想得美！我现在就是要拖着他，我不会离的！"

还没等我说什么，她很快接着说道："老师你不用劝我。什么放过他就是放过自己，这些话我听多了。老师，你根本不需要给我建议。你听我说就好了。"

我笑了笑。做了个请便的手势，耐心地听着她骂。看起来，能够尽情地宣泄就是她当下的心理需求，那我为什么不尊重她呢？

很快三次咨询就结束了，我基本就是听她骂，对于这位老公，她基本上也骂不出什么新意了。但是她也没有结束咨询的打算，我听说她又续了费。

"老师，你人不错。你只是听我说，也不给我建议。"她撇着嘴说。我苦笑，这一瞬间真不知道她到底是夸我还是骂我。

但其实她也有很多变化，说着说着，她没那么紧张了，似乎跟我建立起一些信任感。她开始跟我讨论一些其他话题。

比如说她背着的包包。

她每次来妆容都很精致，背着不同的包包，看得出来，这些包包都是精心挑选，专门来搭配衣服的。

"包包很漂亮。"我夸了她今天的包。

她带着一点矜持扫了一眼自己的包包，谦虚地说道："这可是个限量版。"

"限量版？我不是很懂这些。"

"全球限量，这个包也只有五千个。"

"这样啊，那不是很难买到？"我问道。

"是啊，当时我托了好多人才买到的！"

"哦，你能自己想一下吗，拥有一个限量的包，对你意味着什么？"我突如其来地问道。

她犹豫了一下，没有马上回答。确实，我没有遵循只是倾听的约定，但她这一刻也没有特别排斥。我认为她虽然口口声声说自己不奢求解决问题，但潜意识里一定有求助的愿望，否则怎么解释该说的都已经说完了，她还不结束咨询？

"我是想问，全球只有五千个人拥有这个包，这是你购买它的原因吗？对你来说，拥有这样一个包，意味着什么？"

她有些愣神地思考着我的这个问题。

我开始提示："是独特？"

她摇摇头。

"是富有？"

她点了点头，又迟疑着摇了摇头。若有所思地说道："独特？也许是吧。或者是财富？老师，我说不清，这好难表述……"

"身份？"我又试探着问道，她猛地抬起头来看着我。

我知道我大概说对了。

比如她和老公的感情明明已经到了尽头，她为什么还是不放手？也许并不完全像她所说，只是为了惩罚而拖住对方，可能也跟自己的某些执念有关。

是身份吗？

我问她，反正老公也说得差不多了，想不想说一说其他人，比如说父母、兄弟姐妹。

"他们有什么好说的？我们关系也还不错。他们跟我要钱嘛，我就给，包括弟弟要买房子，我出了一半的钱。"她淡淡地说，显得有些回避。

她真如看上去那样平静？一点都不想说吗？弟弟的房子要姐姐出钱，她真的一点意见都没有吗？

她又开始犹犹豫豫地说了起来："我从来没有管我的父母叫过爸妈。我叫他们伯父、伯母。"

接着我就听到了一个令我瞠目结舌的故事。

他们家到父亲是三代单传。妻子怀了孕，丈夫不是欣喜，更多的是担心，就怕妻子怀的不是男孩子。当时的计划生育政策是一家只允许生一个。

自母亲怀孕，父亲就开始策划——母亲怀孕的事完全对外保密，等到五个月，开始显怀时，父亲就让母亲请病假回了老家待产，等到终于生了，果然是个女孩子，那就是她。

她自生下来就没有吃过母乳，不是因为没有，而是因为母亲着急回城，怕不好断奶，干脆从一开始就不喂。

生下她一个月后，母亲休养得差不多了，就把她留给奶奶，急急忙忙回了城。生养了一个孩子这么大的事，就好像什么也没发生。

母亲这一走就是五年。这五年，她一直跟爷爷奶奶生活在一起，完全没有父母的概念。她不明白为什么别的小朋友都有父母，只有自己没有。

五岁时，城里的伯父伯母回来了，还带着一个三岁的小弟弟——伯父伯母谈不上跟她有多亲，但对她也还不错，伯母给她买新衣服，伯父还给她带了好多故事书。年过完了，他们也就走了，她也没怎么挂心。

又过了两年，她七岁，该上小学了。伯父伯母说要接她去城里上学。她哭闹着怎么也不愿去，奶奶这才悄悄告诉她，伯父是她的父亲，伯母是她的母亲，为了生小弟弟不得已才隐瞒她的存在。然后千叮咛万嘱咐，让她千万不要说漏了嘴，人前人后都只能喊"伯父伯母"，不然就会出大事。

她拗不过大人。回到了城里，父母跟人解释说她是亲戚家的孩子，在这里寄读。从此她就一直叫自己的父母"伯父伯母"。怕弟弟不懂事说漏了嘴，干脆连弟弟一起都蒙在鼓里。

她清楚地记得有一次和弟弟一起看电视，弟弟看了很久的孙悟空，她很想看《动物世界》，于是趁着弟弟上厕所换了个台。没想到弟弟从厕所出来后大发雷霆，盛气凌人地对她说："这又不是你家！你想看《动物世界》为什么不回你自己的家？！"

她委屈极了，她怎么就不是这个家的人呢？她哭了起来。母亲把她拉进里屋，告诉她，弟弟不懂事，让她让着弟弟。

她怕母亲不高兴，拼命忍住眼泪，母亲安慰她说："等你弟弟再大一点，我们就告诉他，让他知道你是他姐姐。现在呢，他还小，你让着他点，别跟他计较。"

还要她怎么谦让呢？从小所有的好东西都是弟弟先选。家务事大部分也是她在承担，除此之外，她还要拼命好好读书，好让父母知道自己也是能让他们骄傲的女儿。

再后来她考上了一所不错的大学，毕业后努力工作，开了家公司，开始挣钱。之后她不停地给家里钱，也给父母买很多礼物。后来弟弟买房，她二话不说，打了一半房款过去，就只为让他们认可自己也是家里的一分子。

"现在我们关系挺好的。现在我爸妈去哪里都夸我,退休了也没那么多忌讳了,好多人都知道我是他们的女儿啦。"她说道,脸上浮现出一丝笑意。

"现在你叫他们'爸妈'吗?"我问。

她愣了一下,答道:"那倒也没有,以前从来没喊过,我也喊不出口。不过现在'伯父伯母'也不喊了,都是喊'哎',其实喊什么也不重要了,都是形式。"

在她的脸上似乎也看不出有多难过,然而房间里冷了下来,空气似乎都滞住了。我胸口发紧,几乎要喘不上气来。我明白,这令人窒息的感受其实是她的,我只是共情到了她。

每一个痛苦的成年人背后都有一个没有被温柔对待的小孩。

从赵灿出生开始,她就失去了身份,整个世界都没有接纳她。这是她的执念。

没有身份,这意味着她从来都没有真正地被认可过。也意味着对于她的亲人而言,她没有价值。在她的生命经验里,自己不配得到父母的关注和爱。虽然和父母在同一个屋檐下,可是她却连喊父母的资格都没有。她从小就处在一种随时可能被抛弃的恐惧里,而当她的利益与别人的利益冲突的时候,她也是被要求让步的那一个。

她追求一个堂堂正正的身份,追求了一辈子。为了能得到一个身份,她不惜付出一切。

所以就能理解,为什么她执着于全球限量版的包包;为什么她把自己陷在一段完全没有意义的婚姻里而不离去;为什么她拼尽一切,只想得到父母兄弟迟来的认可。但凡能让她有一些身份感、价值感的事情,她都会去做。

我们的生命是从期待和祝福中开始的。当孩子呱呱坠地,先感受到的是欢迎的笑容和声音,被温柔地抱到怀里,吮吸着甜美的乳汁,这意味着世界对他充满了善意,这就是他自我价值感的来源——他会相信自己对于这个世界来说是有意义和价值的。

当价值感建立起来,我们就能和这个世界建立起良性的互动,学习爱与被爱,尝试尊重与被尊重,拥有相信自己和相信别人的能力。如果自我价值感没能建立起来或是很低,我们就很难相信自己值得得到应得的,也很难相信别人会给予。

所以哪怕赵灿成年后,有一份看起来不错的事业,拥有一定的物质财富,但她的低价值感仍然伴随着她。她在选择伴侣的时候,并不相信自己配得上一个优秀的男性,而是选择了一个相对弱一些的男性。但是在潜意识里她又是看不起对方的,而对方一定可以感知到这一点。因此他们的婚姻并不和谐,而当对方忍耐不了，想要放弃时，赵灿曾经被父母遗弃的隐痛就被勾了出来：如果连这样一个人都要放弃我，连这样的一个身份我都会失去，那我还有什么价值？我不能忍受我再一次被抛弃！还是被我看不起的人！

我们的自我价值感往往来自小时候最亲近的人对我们的认可。

如果父母可以温柔对待自己的孩子，可以允许孩子犯错而不传递焦虑，给孩子自主的选择权，给他们充分的表达机会，允许他们不完美，那孩子就会体会到自己是有价值的。这样就会使孩子形成一个安全感心理：就算我不好，就算我会做错，我仍然可以得到无条件的爱。

然而很残酷的现实是，很多父母可能也没有被温柔对待过，本身自我价值感就不高，他们很难去不焦虑地对待一个孩子。

也就是说并不是所有的孩子都能从父母那里得到温柔对待，并得到价值感。

那么赵灿该如何去完成自己的功课呢？

离婚不离婚，赵灿不一定能马上做出决定。对于她来说更迫切的是了解自己执着于身份这件事，是源于她想要得到别人的认可与爱。她需要和自己的童年和解，拥抱过去那个被忽视、内在匮乏的小孩；去学习探索未知、保持好奇、寻找自己的优势资源、陪伴自己，然后一点一点给自己补足爱，慢慢地去相信自己是有价值的，是值得被认可和尊重的，从而明白她是配得到这个世界上最好的爱的。

当她的自我价值感提升，她对身份的执念就会慢慢消失。她才能理智地做出决定。

我想尝试让赵灿建立起属于她自己的价值评价系统，不依托于身份或是周围人的认可，而只是来源于自我的评价。

她得意识到，抱怨原生家庭没有用，寄希望于别人也没用，现在她已经不是小孩子，她需要为自己负责，她自己也可以给自己价值感。

我让赵灿写下她过去的人生里的成就事件。

这个过程不是很容易，从小没有得到父母认可的孩子真的很难认可自己。

所以她写得很慢，每写一条，我们都会讨论背后的故事以及她当时的情绪感受，直到她真的认可这就是她的成就。

比如初中考上重点中学；在学校从来都是自己照顾自己，还获得了区"三好学生"；高中毕业全校只有两个人考到省城，其中就有她；大学毕业，她以优异的成绩进入了银行；工作两年后，清楚地知道自己要什么，辞职后，开了自己的公司；身材管理得很好，十几年如一日地维持着自己的好身材；为自己的家庭做贡献，无私付出……

我们用了很多次咨询来做这件事。有时，一次咨询我们只能总结出一条。然而，肉眼可以看到的是，她脸上的笑容越来越多，神态越来越轻松自信。甚至有一次，她穿得很精致，却背着一个普通的包包就来咨询了。

"这也挺好看的。老师，你猜这个包包多少钱？可能我背名牌背惯了，他们还以为这个包包很贵！我跟他们讲才一百多，网上买的，他们都不相信！"她笑得前仰后合，而我在她的笑容背后看到的是自信。不依赖外物的内在自信。

条件成熟后，经她同意，我们一起做了一个时光回溯的催眠。带她做完放松后，我陪着她一起沿着时间线回到生命之初。

"现在你可以看到，一个生命诞生了。你可以看到她小小的身体，正攥紧了拳头，大声哭泣，她在对这个世界说'我来了'。这是她的宣言。你可以看到这个孩子吗？"

赵灿紧闭着眼睛，我能看到她的眼珠在眼皮下快速地转动着。

她轻轻地点点头。

"很好，现在请你想象有一个人出现了，她是透明的，没有人可以看得到她，除了这个孩子。这个人站在孩子的面前，温柔地对着孩子微笑。她对这个孩子说：亲爱的孩子，你同样是因为爱来到这个世界的，你的生命源于爱，这个世界也用爱来欢迎你。我答应一直跟你在一起，未来不管经历什么我都不会离开你。不论你是什么样子，不论你达成任何成就，或是一事无成，我都接纳你。我爱你，你是这个世上独特且唯一的存在。这个世上没有人和你完全一样，我因你的独特爱着你。你不用做什么，你的存在对这个世界自有价值，自有意义……"

眼泪从赵灿闭着的眼皮下渗了出来。

催眠结束，赵灿带着一丝恍惚对我说："老师，你知道吗，我看见那个人的脸了。"她哽咽着，"那个天使长着我的脸，她就是我自己。"

眼泪也冲进我的眼眶，这一刻，我与她感同身受。

催眠结束的那一天，赵灿回父母家，在门口遇到了母亲，没有事先的预演，赵灿没有像往常一样用"哎"来打招呼，自然而然地脱口而出："妈。"

母亲吃了一惊，很快平静下来，走了过来，自然地接过了她手里的水果。就好像这一切本该如此。

未来赵灿的路还很长。形成现在的行为模式并不是一两天的事，要与原生家庭和解，解决亲密关系里的难题，需要更漫长的时间。但至少这是一个特别好的开始：不管别人怎样，她自己先认可了自己的身份，而这是解决一切问题的基础。

你相信吗?

那些曾经的痛和伤、血和泪,

经过时间的淬炼,

会变得格外丰富和营养。

你若在那里撒下种子,

伤口就会开出美丽的花……

我在人群中
好孤独

chapter 3
伤口也能开出美丽的花

我们都睡不着

　　一念起，就会清醒。我经常一整晚都是这种状态。自己感觉困得不行，却就是睡不着。我该怎么办？怎样才能好好睡觉？再这样下去，我怕是离猝死不远了。

——来访者：刘辉（化名）

　　你有过凌晨四点还瞪着眼睛在床上一动不动思考人生的经历吗？或者你有过周围万籁俱寂，整个城市都睡着了，只有你一个人还清醒着，感受着全世界都无法理解的孤独的体会吗？又或是你经受过明知天亮后有一大堆事等着你，你却无论如何也睡不着，甚至想要大骂一场，却完全不知道该骂谁这样的折磨吗？再或是你经历过一直都没有闭眼，眼睁睁看着窗外夜色渐淡，晨曦渐现，内心涌起无限绝望这样的痛苦吗？

　　对，不只是你，是我们。

　　我们都睡不着。

　　我第一次见刘辉，是在一次冥想沙龙上。我是那个沙龙的带领者，十几个女生围坐成一圈，中间突兀地混杂着一个神色尴尬的男生。那个男生就是刘辉。

chapter 3
伤口也能开出美丽的花

沙龙开始后要求大家简单介绍来意，刘辉抱着一个垫子，说自己任职的公司就在楼上，本来这种全是女生的场合自己来觉得尴尬，奈何自己的睡眠质量太糟糕了，听说冥想有助于睡眠，所以想来体验一下。

灯光调暗之后，大家或躺或坐，我带着大家开始放松。从头顶到额头再到面部，才放松到脖颈的时候，场里响起了巨大的鼾声，鼾声的主人正是说自己睡不着的刘辉。

因为刘辉，那场沙龙对大家来说变成了一次考验。我一直强调大家要保持自我的稳定，做到能听到外界的声音但不跟随。奈何他的鼾声实在是太大了，抑扬顿挫不说，还伴随着像口哨一样的嘘声，有个学员实在忍不住笑出了声，继而引发了集体的哄笑。

笑声里，刘辉醒了过来，一脸蒙地看着大家。有人问他："你不是说你睡不着吗？怎么还一躺下就打鼾了呢？"

刘辉一脸真诚地反驳道："怎么可能，我一直醒着呢！"

偏偏那个学员很是较真，打开了手机给他听证据："你还别不信，我录音了！"

果然，手机里传出了刘辉抑扬顿挫的鼾声，大家笑得更快乐了。铁证如山，刘辉茫然地挠着头疑惑道："不是吧？我真感觉自己没睡着啊！"

过了一个星期，我都快把这次沙龙的事情忘记的时候，刘辉却来到了咨询室，并指定我做他的咨询师。

"老师，你就带领我冥想就行。看来也就冥想还有点用了，我就是想来您这儿睡一会儿！"

"你不是感觉自己没睡着吗？"我想起了他在沙龙上说的话。

"对。不过毕竟有录音，我是律师，我信证据。"他一脸认真。

我有点啼笑皆非。定了定神，我也一本正经："你信证据，我信感觉，如果你感觉自己没睡着，那很可能就不是一次有质量的睡眠。就算是打呼噜了，你也只是浮在很浅的睡眠里。因为太浅了，以至于你都没感觉到睡着。只要一点点动静，你就会醒过来。我猜，平时你的睡眠大都是这种浅浅的状态，甚至一个念头起，你也会清醒过来。"

他瞪着眼睛看我，眼睛下面是重重的黑眼圈。半晌他才叹道："一念起，就会清醒。老师，你说得太对了。我经常一整晚都是这种状态。自己感觉困得不行，却就是睡不着。我该怎么办？怎样才能好好睡觉？再这样下去，我怕是离猝死不远了。"

饿了就想吃，困了就想睡，这是动物的本能。困了却还睡不着，这样反本能的行为却常常发生在高智商、高感受性的人类身上。

人类也不是一出生就会失眠的。当我们还处在懵懂无知的孩提阶段，对这个世界完全没有概念的时候是不会失眠的。而当我们开始成长，对这个世界有了认知、爱、欲望，经历过爱不能、求不得，各种烦恼、痛苦、悲伤、欲望就会随之而来。种种念头在内心升起，一念起，一念伏，焦虑升起，失眠也随之而来。

排除了生理上的原因，那么睡眠问题就需要从心理层面找根源。

刘辉的失眠并不是生理上的。他说工作之后，睡眠就一直不太好，前前后后也多次去医院检查，电子计算机断层扫描（CT）、磁共振成像、血常规、电解质、血糖、B超、胸透都做了一个遍，检测的结果都是正常。

"最可气的就是这个！有病就治这个道理我是懂的，偏偏我一切都正常，那我怎么还会睡不着？"

他调出监测睡眠的手表数据给我看，确实一整晚大约只有一个多小时的深睡眠，其他零零散散都是浅睡眠，还伴随着大段的意识清醒。

"老师，这段时间，我的睡眠问题更严重了。我一直入睡困难，但之前不管深浅也还能睡三四个小时。最近我是常常直接睁眼到天亮，第二天还有大量的工作等着我。老师，我经常想，我不会因为睡不够而猝死吧？"他眼里泛着红血丝，眉头紧锁，摇着头苦笑着，开玩笑一样地说道。

这是他第二次提到猝死。我意识到这不是一个玩笑，是他真实的恐惧。

比起失眠本身，我更关心的是失眠为何而来。

人的行为很像浮在水面上的冰山，那是我们可以看到的部分。而在冰山之下，隐藏着巨大的冰体，那就是隐藏在行为下面的需求、期待和渴望。而这一部分决定了整个冰山的状态。

刘辉的失眠是可以看到的行为现象，而我们看不到的，甚至刘辉自己也没有意识到的是隐藏在失眠这个行为背后的种种需求。

如果光是去解决失眠这个行为本身，多喝牛奶、睡前跑步这样的方法，只会起到微小的缓解作用，并不能解决根本问题。真的要让睡眠好起来，一定要去和失眠对话，去看看它到底因何而来。

刘辉大学毕业后从事的是法律工作，工作强度很大，关系错综复杂，这份工作要求他绝对不可以有任何的疏漏。他曾在业务上因马虎出过一次错，造成了严重的后果，被上级严厉批评后，他做事变得更谨慎细致，失眠自此也找上了他。

后来他结婚，建立自己的家庭后，与妻子之间相处磨合，常有矛盾；再后来他们贷款买房、买车，妻子怀孕后辞职回家安心养胎，这段时间他需要承担所有的家庭开销以及房贷、车贷。

孩子逐渐长大，最近不知是不是因为进入了青春期，只要跟他说话，一言不合就会发脾气。而双方父母的年纪也一天比一天大，眼看身体越来越不好，尤其是自己的母亲从前年开始视力衰退，到现在基本已经看不见了。

后来为了给家人更好的生活环境，夫妻二人换了新房，房贷更高了。而刘辉事业上也遇到了瓶颈，不知如何突破。

最近令他压力倍增的是二胎的出生。这是一个计划之外的孩子。最初他考虑到家庭状况和妻子的健康，并不打算留下，但妻子对于这个意外来临的小生命倍感珍惜，一再坚持，他也不得不退步。

自从二胎出生，他的睡眠质量更是迅速下降。

"太吵了。"他苦笑道。知道他睡眠不好，为了不影响他日常工作，妻子独自带着孩子睡隔壁房间，可他仍然可以清晰地听到新生婴儿的哭闹声，甚至妻子半夜起来抱着孩子在隔壁踱步的声音他也听得清清楚楚。

他忍不住和妻子抱怨过一次，当他一开口，早已疲惫不堪的妻子却放声大哭起来。

我听着刘辉诉说，心里百感交集。人到中年，有多少人是"刘辉"？有多少人的家庭不曾经历这些？

"刘辉式"的焦虑和压力是普遍现象。很多人的压力比起刘辉来只多不少。

　　我们每个人活在这个世界上，无论男女老少，都有自己难以言说的难处。

　　刘辉是律师，大脑逻辑清晰，他掏出纸笔准备认真梳理一下他面临的压力，看看哪些他可以忽略，哪些必须要应对。

　　结果，写了半个小时后，刘辉看着写得密密麻麻的纸，神情懊恼。他发现纸上写的压力都是他必须要应对的。父母、妻子、孩子、工作，哪一样他能放下？

　　看着他沉浸在痛苦中的脸，我请他暂时忘记自己手里的纸笔，忘记自己聪慧的大脑，闭上眼睛，把注意力全然放在呼吸上，放松下来。

　　对他来说专注于呼吸是有用的。注意力放在呼吸上，暂时就不会有杂乱的念头升起，因为身体疲惫，他似乎很快进入了浅睡眠，但随着第一声鼾声扬起，他猛地睁开了眼睛，醒了过来。

　　"我刚才都快睡着了，但很快有一个念头出现：完了，你肯定睡不着了。然后我一下子就醒过来了。"他告诉我。

　　"睡不着会怎么样？"我问道。

　　"明天要开庭，睡不着我就没办法集中注意力去做事情了。"

　　"那又会怎么样？"我继续追问。

"做不好工作怎么行？毕竟我还要养家。"他神色之间尽是焦虑。

"还会怎样？"我继续问。

"对身体不好啊。"他犹豫了一会儿，接着说道，"有可能会猝死。"

这是他第三次提到猝死。我沉默了一会儿，接着问道："对你来说，如果突然死去，最不能接受的是什么？"

"我没有想过……这不用想吧？这个事要发生，想也没用啊。"他很快答道。快到让我认为他有一些排斥这个问题。

"那现在想想可以吗？猝死发生，对你来说最可怕的是什么？"我坚持问道。

他默然，后又说道："我怎么能死？我要死了，老婆孩子怎么办？还有个才出生的小家伙呢。再说，家里房贷我还没还完呢，还有父母，谁管他们呢？"

他的眼眶红了，他隐忍地低下了头。

刘辉失眠的背后，是压力，是死亡焦虑。

要想让刘辉失眠的问题得到缓解，至少得从两个方向做一些干预。

第一个方向就是帮助刘辉去梳理自己失眠背后的压力，从而一一应对。

比如说，他需要调整与妻子的关系，需要与大儿子更好地交流，需要参与到对二胎的养育中，需要根据这些情况调整自己的工作状态。这些涉及的都是自我成长和长期应对模式，并不是弹指之间就能改变的事。但如果刘辉能坚持从根本上去慢慢改变，他失眠的痛苦就是有意义的，他一定会因此而自我成长，成为一个更好、更幸福的人。

刘辉认可了我的说法。但同时他也有疑问："这些看起来都不是马上可以改变的。那在此之前，我如何改善我的睡眠？"

这就是刘辉可以调整的第二个方向：当失眠暂时不能改变，至少可以改变对待失眠的态度。

在刘辉的描述里，他对睡眠是非常看重的。他规定自己晚上十一点半之前一定要上床，上床前一定要喝杯牛奶助眠；在他睡下以后，他不允许妻子和孩子发出一点声音；甚至因为要保证睡眠质量，他和妻子已经分床很久。

看重的背后，其实就是恐惧和无力。害怕自己睡不着，可越是着急就越是睡不着，然后睡不着就更着急，这就引发了睡眠恐惧的恶性循环。这时各种负面情绪都会接二连三地冒出来。曾经有一位来访者，他在睡不着的时候变得格外烦躁，进而开始自我攻击。

失眠本身不可怕，可怕的是伴随失眠而来的焦虑和恐惧。

首先刘辉需要知道失眠这件事是个普遍现象。不论是权威的调查数据，还是发生在我们周遭的实际情况，都在告诉我们一个事实：无数的人都曾饱受失眠困扰，甚至是患上睡眠障碍。我对刘辉说："你看，你并不孤独。"

同时，比起数据，我们更需要信任自己的身体本能。刘辉在晚上睡不着的时候常常会在网上查各种数据，令他倍感焦虑的是数据告诉他：一个成年人的最佳睡眠时间是6.5小时，少于这个时长就会导致各种生理疾病；如果少于4.5个小时，患心脏病的概率就会大大增加。

我承认他说得有道理，但这只不过是一个大的概率。我建议刘辉忘记这些数据，转去信任自己的身体本能。难道自己的身体不值得被信任吗？毕竟在睡眠不够的情况之下，这具身体仍然帮助刘辉做了无数的工作，成为一个优秀的律师，照顾了自己的家人。

我们得相信自己的身体本能是会自主调整的。如果真的太累，身体也会入睡，并不会扛着让自己不睡直至猝死。好比刘辉日常浅浅的连自己都意识不到的睡眠，那也是身体对自己的睡眠补偿。

我接着建议他千万不要把睡眠当成一个任务。让自己放松，不用去给自己设置那么多规定。有了许多限制后，睡眠就变成了一个高期待的目标，实现不了就会产生焦虑的情绪。降低对它的期待，把睡眠当作一件自然发生的事情，有了困意再去睡。同时，给自己一些暗示：躺下就是睡眠的开始。晚上躺下后如果迟迟睡不着，可以离开床，等到有睡意了再回到床上。

当然也可以采用一些辅助手段，喝牛奶、睡前跑、听音乐，因人而异。选择适合自己的方式。

比较推荐的仍然是呼吸冥想。当注意力放在呼吸上，人自然而然地只能关注当下，突如其来的念头就会变少。

刘辉的咨询持续了半年，他仍然还是会失眠，但至少面对失眠他没有那么焦虑了。他常在睡不着的时候坐起来看书、冥想、放松。他似乎与失眠达成了和解，整个人看起来都平和了许多。

"有时，我都感谢失眠，它让我成了一个智者。"他跟我开着玩笑。

这段时间里发生了一件特别的事，让他整个睡眠有了质的提升。

有一天刘辉遇到了一个保险销售，对方问他："如果你突然去世了，你最怕的是什么？"

这个问题对他来说似曾相识，我问过他，他自己也无数次问过自己。

保险销售拿出纸笔，开始给他算死亡成本，最后给他推荐了一款保险。如果他不幸身故，会有一笔钱留下来，专款专用，一次性还清房贷。

"老师你信吗？买了这款保险的当晚我就睡了个好觉！"他有些戏谑地对我说。

我又惊又喜，果然是高手在民间，这个保险销售才是真正的心理大师。

"老师，还是要谢谢你，其实以前也有保险销售跟我说过类似的话，只是我一听到这个问题就怕，根本不想听。而现在我完全可以平静面对并采取措施了。"刘辉诚恳地对我说。

记得刘辉跟我说起他质量最好的睡眠是在他小时候。那时他的家在小山洼里，屋后有山，屋前有水。下过雨的夜里，空气中弥漫着桂花的甜香。溪水潺潺、虫鸣啾啾，他一闭眼就是一夜甜梦。

然而，我们都要长大。

如果长大不可避免，焦虑也不可避免。也许我们可以尝试着接纳，接纳焦虑，接纳失眠。

谁还不是带病生活呢？

孩子，你应该感谢自己

> 黄昏里我们两个人紧紧地拉着手，一路都没有说话。因为情绪激动，小虎的手时不时还有一些微微的颤抖，而我紧紧地回握着他，从来没有如此地坚定过。
>
> ——来访者：慧娟（化名）

我每个月会有固定的一天在社区里做公益心理咨询，刚好慧娟因为读小学五年级的儿子学习注意力不集中，去社区申请心理咨询救助。慧娟的老公长年卧病在床，一家人的经济来源全靠慧娟在社区超市的工作收入，社区审核她家的状况符合救助条件，于是社区牵线，让我结识了慧娟母子。

因为咨询是公益的，慧娟总是觉得不好意思，所以几乎每次来都会给我带一些小礼物。比如晾晒干可以泡水的桂花、自己编织的发带、孩子叠的小飞机，她似乎是在用自己的方式支付一些咨询的费用。考虑到这些小礼物并不会对她的经济造成压力，同时能让她在咨询中感觉更自如，我也就坦然收下，甚至隐隐还会期待，下一次她会送我什么？

像今天，慧娟从学校接了儿子来咨询室，送给我的礼物是儿子画的一幅画。

慧娟跟我说着儿子的近况，说到考试的数学卷子，他竟然有整整一面没有做。

"他也不是不会做，就是看漏了！不是一两道题，是整整一面！"慧娟一边说一边恨铁不成钢地看向边上坐着的小男孩，"老师，你说说他的心得有多大才能看漏一整面？"

胖胖的小男孩坐在椅子上晃悠着双脚，眼睛没有焦点地看向窗外。好像母亲正在说的话，跟他并没有什么关系。我发现他脖颈那里的衣领有洇湿的痕迹，偏头仔细再去看，发现他的背上也有一块半干的水渍。因为是深色的衣服，不仔细看还看不出来。

可是今天并没有下雨，哪里来的水？

我伸手摸了一下男孩子的背，问道："小虎（化名），衣服怎么是潮的？"

小虎瑟缩了一下，将眼睛转回来迅速看向母亲，支吾道："就是，就是……"

而母亲不耐烦地打断了他："能为什么？还不就是淘气！我也是头疼，这么大的孩子了，回家衣服总是潮的。有时口袋还破个口子，书包带子我也给他补两回了，文具什么的不是丢了就是坏了。小虎，我跟你说过多少次？我们家的情况跟别人家不能比，样样要节约，你能不能让我省省心……"

慧娟絮叨着，我低下头，仔细地看着孩子送给我的画。

画中的房屋矮小，只有紧闭的窗子，并且没有门。房子的右手边，有一棵树，树上没有叶子，只有横七竖八的枝丫，树干上的年轮如同一个大的疤痕。特别的地方是有一个像铁丝一样的栅栏把整个房子围了起来。

我的心沉了下去，画是潜意识的流露。房屋是家的象征，画中又矮又小的房屋是家庭在小虎心里的状态。联想到之前慧娟提到的久病卧床的丈夫，自己又总是在外操劳，我能感受到现在这个家的状况很难给到小虎安全感。而窗子紧闭且没有门，说明这个孩子跟家的联结很有可能是断的。他很难跟家里的成员去交流，也无法从他们那里获得支持。而树则是生命力、价值感，树上没有叶子，可以看到这个孩子的价值感是低下的，而树干上的年轮则意味着成长经历中的创伤。

我指着画上的栅栏问小虎："这是栅栏吗？这么高？"

小虎点点头："对，高一点才能保护好。"

"保护？是有危险吗？"我捕捉到了一些信息。

"有，很大的危险，栅栏高一些才能保护里面的人。"小虎认真地对我说。

"我看到画上没有人……"我观察了很久也没有找到。

小虎没有说话，伸手指了指树下的草丛，我这才发现草丛里有黑黑的不起眼的一团。

"这是个人？那他是谁？"我已经有了一些猜测，但是我需要孩子来确认。

果然不出所料，小虎答道："我。"他脸上很平静，看不出有什么情绪起伏。

而我难过得一时说不出话来。

这是一个被霸凌的孩子。

在一个学校里，有霸凌者，就一定有被霸凌者。被霸凌的原因很难去描述，但霸凌别人的小孩一般都情绪难以自控，对别人的苦难没有同理心。很可能这个霸凌别人的小孩，在自己家里也被粗暴对待，日子并不好过。正因为如此，他们霸凌起别的孩子来，不讲道理、没有原因。基本就是自我情绪的宣泄，也没什么分寸或是懂得适可而止。而被他们霸凌的小孩，不需要做错什么，只要是自我价值低、内心力量弱，并且没有保护自己的能力，不太能坚持自己的底线，就很可能被霸凌者选中成为受害的对象。

不幸的是，小虎刚好就是弱的那一个。长年卧病的父亲几乎给不了他男性的力量；在生活的重压之下，焦虑易怒的母亲对待他的方式往往是简单粗暴，也没有顾及他的自尊。小虎的自我价值感本来就很低，再加上唯唯诺诺讨好的应对模式，很容易引起坏孩子的关注。

小虎告诉我，学校里有些孩子会管他叫"脏狗"或"臭猪"，因为有同学见过慧娟在小区的垃圾箱里捡纸箱，于是他们说小虎身上有垃圾的味道，会故意往他身上泼水，弄湿他的外衣。他如果反抗，霸凌者们就会在教室里推搡他，扯断他的书包带，拿走他的文具盒，把他的书包、文具盒从楼上扔下去。每次当他跑下楼去捡回来，那些霸凌的孩子会嬉笑着再一次扔下去。

他尝试告诉老师，但老师骂过那些霸凌者之后，会给他招来变本加厉的欺负。他也尝试对母亲诉说，可是母亲活得太难了，有限的注意力全部放到了他的学习上，根本没有精力注意到他的情绪感受。往往他才刚开口，就招来了母亲的责骂和唠叨。

既然说了没什么用，他便不再说了，默默地忍受着。世界就如同那一间紧闭的房子，他只能藏身草丛，无处可去也无人可诉。

这样的一个孩子，能坚持去学校就已经很艰难了，你怎么能要求他把精力全然地放在学习上呢？他常常考虑的是下课后怎样快快地走开，好回避那些残忍的嘲笑和伤害。

弄清了小虎的处境，慧娟哭了，她心疼地搂着孩子，责怪道："你怎么跟你那个老爸一样庑啊！他们欺负你，你不会打回去啊！"她本来还想继续说下去，看到我制止的表情，她最终还是咽下了责怪的话，只是抽泣着一下一下抚摸着儿子的头。

但她说的这句话还是带给了小虎更深的无力感，这个孩子任凭她一下一下摸着脑袋，眼神呆滞、神情木然。

面对孩子被霸凌、欺辱，这是家长们常常会说的一句话："你打回去啊。"

这句话本身谈不上什么对错，面对别人的欺辱，我们确实应该要有保护自己的底线。谁也不能要求这个被打、被欺辱的孩子不能还手。

问题的关键是，这个被霸凌的孩子，他被霸凌者选中的原因就是因为内心力量不够强大。也就是说，他打不回去。他如果有打回去的内心力量，也不至于长期被欺辱。

家长这个时候逼迫他打回去，其实就是逼着他去做自己做不到的事情。他除了要应对学校里的霸凌者，还要面对家长给予的压力。所以很多被霸凌的孩子选择隐瞒家长，自己承担，就是因为他们不愿面对双方压力。

除此之外，家长还有什么会令这个被霸凌的孩子继续保持沉默？

忽视孩子的感受，让孩子用息事宁人的方法解决问题。比如说，算了，咱们惹不起还躲得起，咱们躲远点、忍着点。这其实就是在降低孩子的自我价值，让孩子没有底线地退让。长期下去，孩子会觉得自己特别地无力和失败。

另外一种是让孩子找自己的问题。比如说，那么多人，他为什么不找别人？你好好想想自己有没有什么问题。这等于告诉孩子，你被霸凌是你自己的原因导致的，是你的错，这会令孩子完全处于无助的状态。家长站在了霸凌者的一边，孩子会怀疑自己的价值，对这个世界的信任也会崩塌。

孩子为什么不说？一定是说了的结果还不如不说，如果孩子除了要应对霸凌者的欺辱，还要应对来自父母的压力，哪个孩子愿意说？

接下来是一周一次的长期咨询。咨询的对象以慧娟为主。咨询也没有什么手段或技巧，更多的是陪伴。

慧娟常常在咨询的过程中讲述这一周来她的各种不容易：病床上的老公、繁重的工作、让人操心的孩子，她说着说着就哭了，而我安静地倾听着，把一张一张的纸放到她的手里。我鼓励她哭出来，发泄出来，甚至我会把抱枕放到她手里，鼓励她在情绪激动的时候，使劲地摔打。咨询一个月后，慧娟打坏了两个抱枕。她有太多压抑的情绪需要宣泄。人生不易，我想让她知道，在她人生最艰难的一段，有人懂她，陪她，她并不孤独。

这是一个漫长的陪伴过程。面对孩子的困境，慧娟常常陷入焦虑和自我责备的情绪里。她不能允许自己看着孩子吃苦而什么都不做。这不仅仅是她的原则，所有的家长都一样。

她去找过老师，把自己家的情况和小虎的处境不加掩饰地和盘托出，请求老师多关注小虎，多给小虎一些支持。事实证明，这么做是有一些用处的。争取到老师的支持，虽然没能完全断绝霸凌，但老师对小虎有了更多的关注、表扬和鼓励，老师的态度对孩子就是一个支持。但是毕竟老师也没有办法时刻关注小虎，在老师看不到的地方，霸凌仍然发生着。

她也跟对方的家长谈过，效果并不太好，她没能控制住自己委屈的情绪，而对方家长很难感同身受，说着说着，双方争吵了起来。最后导致的结果就是这些家长回去对自己的孩子说："离那个叫小虎的孩子远一点，他母亲不好惹，你别再给我惹麻烦。"于是受害者反而变成了被疏远的人，小虎变得更加孤独了。

后来，她还在校门口堵过霸凌小虎的那些孩子，声色俱厉地警告他们不可以再欺辱小虎。可想而知，这么做的效果简直糟透了。孩子们很快喊来了老师，老师不得不为难地让她有什么事跟学校领导说，而不是以大欺小。同时霸凌小虎的这些孩子彼此打气，他们不再扔小虎的文具，但对小虎言语上的侮辱更多了。

怎么做都不行，她常常在咨询室里哭起来，问我："老师，我要怎么办？"

怎么办呢？她没办法跟着小虎去学校，这就意味着很多事情必须小虎自己去承受。这是小虎成长的必经之路，我们必须允许并接受我们爱的人去受苦。这其实是我们对爱的人的信任，信任他可以去受伤、失败，然后在挫折中继续成长。从这个角度说，小虎遇到的霸凌不见得是绝对的坏事。至少，他在经历这一切的时候，获得了母亲无条件的支持，如果处理得当，他甚至可以在这段经历中获得成长。

我对慧娟说："首先要保证小虎的安全。你和小虎要约定好，如果涉及安全问题，一定要告诉你和老师，甚至报警，没有什么比他的生命安全更重要。保证孩子的安全后，你只需要跟他共情，多去体会他的感受、懂得他的不容易。就像我现在对你所做的。你要提供给他一个稳定的力量，让他知道，当他独自去面对困难时，你会永远在他身后。要让孩子感受到，只要他需要你的帮助，你就会尽全力支持；而他如果能独自面对，你也会祝福和肯定他。"

慧娟特别配合，她一直努力与小虎共情，慢慢地小虎不再瞒着她，什么事都跟她说，他终于不再一个人独自去承受压力了。有了母亲的理解和支持，小虎内心的力量也慢慢开始增强。

咨询到半年左右的时候，慧娟跟我说了一件事。

小虎放学回家后，她发现小虎的校服背面被人用钢笔画了一个猪头。慧娟气坏了，她拉着小虎想要去找老师，小虎死活不愿意去。

他摇头挣扎着："没用的，没用的，我不去！"

慧娟冷静了一会儿，尽力让自己的情绪平静下来，她开始试着和小虎共情："宝贝，我知道你今天过得特别不容易，你肯定受了很多委屈。我很心疼也很担心,我担心你没办法应对。我可以为你做点什么吗?"

小虎一下子就静了下来,他把脑袋靠在母亲的臂弯里,轻轻地说:"妈妈,你什么都不用做,你抱抱我就好了。"

母子二人偎靠在一起,慧娟的眼泪流了下来,她哽咽着对小虎说:"儿子,你记住,如果你承受不住,咱们转学也可以的!你听明白了吗?你最重要!"

小虎如同一个大人一样,伸手帮慧娟擦去泪水,他甚至安慰慧娟说:"妈妈,你别难过,我有办法!"

平静下来后,小虎打了一盆水,蹲在地上,开始揉搓衣服上面画的猪头。但因为是用钢笔画的,怎么也搓不干净,慧娟蹲在旁边,泪水止不住地流下来。

小虎猛然一抬头:"妈妈,我有办法了!我可以把它画成一朵牡丹花!"

衣服晾干后,小虎拿出了红色的油性笔,真的在猪头的地方画了一朵牡丹花,红色的牡丹花完全把猪头盖在了下面。小虎笑嘻嘻地说:"以后我才不怕他们乱画,他们画什么,我都给他们改过来!"

慧娟打开手机,给我看她拍的照片,果然是一朵特别红艳的牡丹花。

我一下子热泪盈眶,任凭自己的眼泪掉了下来。

多么勇敢、强大的孩子！他是有力量的！别人报之以恶，他却化之以歌！

我握住慧娟的手，诚恳地对她说："你看到了吗？小虎特别勇敢！相信我，一切都会好起来的！小虎很勇敢，你也很勇敢！"

慧娟有一些惊异地看着我："勇敢？你是说我？"

我郑重地点点头："对！你敢于让孩子去吃苦，去面对，这不是勇敢是什么？这可不是哪个母亲都能做到的！"

我建议慧娟把一些照顾老公的工作交给小虎做，让孩子更加有责任感和参与感，能为父亲做一些事，也会增加他的价值感。

同时我觉得小虎作为一个男孩子，很需要男性力量的引导。在征求了孩子的意见后，由我牵线，慧娟给孩子报了一个公益的武术班，小虎很快在那个班里结交到一些小伙伴，找到了被朋友接纳的温暖。

小虎越变越好。而事情发生质的变化，是在咨询持续了大约一年的时候。

那天下午课间，常常霸凌小虎的一个男孩，不知道为什么，当着全班的面嬉笑着一把拉下小虎的裤子。

同学们哄笑起来。小虎提起裤子，压抑许久的委屈在这一瞬间涌上，脸涨得通红。抬头看到对方挑衅一般的笑脸，他不假思索地一拳打了过去。

用其他同学的话说,那天的小虎好像变了一个人。他红着眼睛、抓着扫把,在教室里追着脱他裤子的男孩子,没有人敢上前拦,谁拦他就打谁。直到把那个男孩子打得躲在桌子下面,哭着求饶。

老师赶来后,叫来了双方的家长。对方的家长心疼地扶着脸上流血的孩子,要求慧娟道歉。慧娟昂着头说:"你们去检查,医药费我付!至于道歉,我是不会给你们道歉的,倒是你们,该向我儿子道歉!"然后她低下头,对仍然涨红着脸,咬着牙的小虎说道:"儿子,你做得对!对待欺负自己的人,就是要这么做!"

边上的老师正要开口,慧娟打断了他:"老师,我是不会认错的。我儿子没错,你要是认为他保护自己错了,那是你的事,我支持我儿子!"

说完,她拉着小虎就往外走。黄昏里母子二人紧紧拉着彼此,一路都没有说话。因为情绪激动,小虎的手时不时还有一些微微的颤抖,而慧娟紧紧地回握着他,从来没有如此坚定过。

事情的后续是老师把情况仔细跟对方家长说了后,对方的家长带着孩子去医院做了检查,只是皮外伤,也就没有再追究。

而从那一天起,没有人再敢欺负小虎。小虎有了应对的勇气,他用事实向全班同学宣告了自己的底线。而一个有勇气有底线的孩子，是没有人可以欺负他的。

我想，我们的咨询可以结束了。

现在的小虎已经是一个初中生了，成熟、睿智而且聪明。

教师节时，我还收到了他的礼物，一枝玫瑰和一张贺卡，上面写着："老师，谢谢你。我以后也想做一个心理咨询师。"

孩子，你要谢的其实是自己。感谢自己面对困难不退缩的勇气。

谁还不是带病生活呢

> 并没有痊愈,我其实是带病生活。我的抑郁没有消失,我能够感觉到,它还在。我不再想要消灭它,就好像我没办法消灭人生的不如意。我们只是和平共处了而已。
>
> ——来访者:小暖(化名)

我第一次见到小暖是在医院里。

对接我去做咨询的是一个青少年救助公益机构,他们希望我可以评估小暖的精神状态,同时介入心理援助。

我去的时候,正好救助中心有一个志愿者在陪伴着小暖。志愿者在膝头摊开一本诗集,正给病床上的小暖声情并茂地朗读着普希金的《假如生活欺骗了你》。

假如生活欺骗了你。
不要悲伤,不要心急!
忧郁的日子里须要镇静:
相信吧,快乐的日子将会来临。

志愿者的声音甜美动听。而小暖安静地躺着,没有回应,脸上没有任何表情。

志愿者薇薇（化名）告诉我，这是小暖自杀之后被救上来的第三天。听说她在十六岁生日的那天跳进了湖里。

那天晚上月色很好，有两个钓友在湖边夜钓，看到小暖深夜来到湖边。两个人在心里嘀咕，这都快一点钟了，一个小姑娘怎么这时候来湖边？就在他们还没想明白怎么回事的时候，小暖扑通一声就跳了下去。两个钓友急忙地把她救上来，然后报了警又把她送到了医院。警方经过调查后发现，她无父母无亲人，就只能对接了青少年救助中心。

"这孩子好惨啊，她母亲在她出生不久后就去世了。她一直患有抑郁症，没办法去正常上学，全靠父亲养活。谁想得到，一个月前她父亲上吊自杀了。我要是她，我也活不下去。"我们站在病房的门口，薇薇悄悄地对我说。

当时正是下午时分，温暖的阳光穿过窗户洒在白色的病床上，窗外绿树摇摆，暖风轻拂。而小暖无声无息地躺在粉尘飘浮的阳光里，单薄瘦弱的身体藏在被单下，安静而脆弱得仿佛不存在。

我一想到她决定在生日那一天把生命交还给这个世界，心头就一阵抽痛，对这个孩子来说那是怎样的一种绝望？

薇薇说小暖醒过来以后很配合。

薇薇跟小暖说:"小暖,咱们不躺着了,起来坐一会儿吧?"

她不反对,任凭薇薇把床升起来,然后在她的背后垫了一个枕头,让她靠着。

"小暖,喝口水吧?"薇薇看小暖一直坐着也没有动过,端来了水杯。

她乖乖地张开了嘴。

"小暖,我给你放首歌?你喜欢听什么类型的?"薇薇想要哄着她开口说句话,便追问道。

而这次的回答是长久的沉默。

这真的是在配合吗?我感觉更像是放弃。

基本可以确定,小暖是患了经历亲人去世的创伤后应激障碍(PTSD)。在父亲还没有自杀之前,小暖就在长期服用抗抑郁药物。我大致评估后,发现小暖再一次尝试自杀的可能性极高。

我向薇薇说出了我的担忧,现阶段对于小暖来说最重要的就是陪伴,来陪伴她的志愿者可以跟她说话,也可以朗读故事,放音乐。但有几点是需要注意的:

第一,不要说"我能理解"之类的话,并不是所有的痛苦都可以被理解。她的痛苦太大了,我们不可能真的感同身受。她小小年纪,爸妈就去世了,我们怎么可能真的理解她的痛苦?当我们说理解她时,其实就是否定了她的痛苦的存在和程度。

第二，不要给她建议，尤其是正能量的鼓励建议。生活很美好；你要好好努力；每个人都很难，挺一挺就过去了。这些建议背后都带着一些不痛不痒、高高在上的傲慢，其实也是对她痛苦感受的否定。

第三，我们都要学会允许和守候。允许她沉在悲伤、绝望里，包容她的糟糕状态。不带着要求她改变的目的，只是单纯地陪伴、守候着她，让她意识到，只要她需要，就会有人在。

我坐到小暖的床前，尝试去跟她联结。

"小暖，你好！我是一个心理咨询师，我来这里是接受了青少年救助中心的委托。这段时间我会一直陪伴着你。只有两种可能我才会离开，一种是你不愿意我来，另一种是你可以自己陪伴自己，不需要我来了。"

小暖安静地躺着，双眼看着天花板。就像是没有听到，然而也并不是完全没有听进去，我留意到她的脸上掠过一丝讥讽与不屑。

有反应总比没反应好。

我慢慢地继续说下去："我不太懂你正在经历的痛苦，或者，那样的痛苦也不是旁人能懂的。我只知道那是无法想象、无法忍受的。我只是想告诉你，我会在这里陪着你，当你需要我的时候我会在。"

chapter 3
伤口也能开出美丽的花

她看着天花板一言不发,有一滴泪水从她的脸上滑下来,挂在腮边。

毕竟她还只是个十六岁的孩子啊。我心一痛,对她说:"想哭就哭出来!你可以哭的,让自己哭出来!"

她没有哭,只是疲惫地摇了摇头,就连腮边那滴泪水也干了。

创伤后应激障碍,伴随抑郁、回避、麻木等症状,有自伤或是自杀行为。当下我最需要做的是自杀干预。

首先我想要跟小暖开诚布公地谈一谈死亡。

她不想活了,这就是一个事实。不想谈,其实是由于我们自己对死亡的恐惧。我很想了解,面对死亡,小暖会做怎样的准备。

"小暖,今天我想跟你聊聊死亡。你为什么会选择跳湖呢?我的意思是,为什么不是别的方法,我很想了解。"我没有带记录本,让自己放松地坐在床前的靠椅上,就好像是跟她在聊一个日常的话题。

小暖靠坐在床上。这个话题开启得有点出乎她的意料,她转过消瘦的脸,瞟了我一眼,没有说话。

我看到她给了一点点反馈,就继续说下去:"我记得历史上屈原是跳江而亡。我其实一直都好奇,为什么他会选择这样的方式结束生命。我猜啊，有可能屈原是觉得汨罗江很干净，那你会怎么觉得呢？"

我自说自话，其实并没有指望她回答我什么。所以当我听到一个干涩而细小的声音时，我甚至犹疑了一下是不是自己听错了。

"不想跟他一样。"她有些犹豫地说。

我很快反应过来，她说的这个"他"是指她的父亲。资料里显示，她的父亲在一个月前自杀，吊死在他自己的房间里。你很难想象一个十六岁的孩子看到父亲悬空的尸体会是怎样的心理状态。

她开口了，看起来这是她愿意谈论的话题。我谨慎地组织了一下语言问道："不想和他一样？为什么？你想多说一点吗？"

"脏得很，给人添麻烦。"她轻声而简单地说道。

上吊自杀的人，大小便失禁是常态。同时，遗体在那里，必须要处理。听说小暖的父亲去世后，小暖整个人完全不知所措，全靠邻居和老师们帮忙才处理好父亲的后事。

"你的意思是，你不想给人添麻烦，你想干干净净地走？"

小暖点点头，声音更轻了："我父亲走了还有人管。我要是走了，谁都不会管我，不如跳进湖里。我什么时候死的大家都发现不了，干干净净，一了百了。"

"你怎么会觉得没有人管你呢？"听着这个孩子说出这样伤

心的话，我花了很大的力气才做到让自己保持平静。

小暖沉默了。她低着头，手指无意识地在床单上划着，指尖下出现了一道一道的划痕。

接下来，不管我再说什么，她都不再应答。

小暖认定自己被这个世界抛弃了。母亲早亡，父亲明显一直处于焦虑状态，她很难从父亲那里得到笃定的支持。初二那年她被诊断出患了抑郁症，离开了学校之后，她基本是蜗居在家和父亲相依为命。她没有朋友，也没有得到过社会或亲人的认同。而如今，唯一的亲人——父亲也离她而去。这个世界抛弃了她，她失去了活着的意义。

她选择在生日那一天自杀，是她最后对这个世界绝望的表达。

除非找到这个世界对她的意义，为她觅得那么一点点的价值感，她才有理由活下去，否则结束生命是迟早的事。

然而我怎么去唤醒她的价值感呢？要从哪些方面入手呢？连着两天去医院，基本上都是我在自问自答，她甚至连话都不想说。

我决定冒个险。

我带了一本《人间失格》去医院。

我摊开书对她说:"这本书是好几个身处痛苦之中的孩子给我推荐的,他们说书里面描述的感受他们都能理解,所以我就选了这一本来读给你听。我好想问问你,里面的感受是真实的吗,你怎么看这些内容?"

我读得特别慢。因为是翻译过来的文字,有些地方我会调整文字,尽量让这些文字听起来不那么生涩。

我解释《人间失格》的另一个名字是《丧失为人的资格》。书中提到男主人公大庭叶藏从小就感觉自己连做人的资格都没有,他就连最基本的吃饭的欲望都没有。他在沉默的绝望中感觉到自己是这人世间的异类。他扮演小丑,通过滑稽搞笑来获得关注,并掩饰自己的无能为力。

当我说到这些的时候,小暖的脸略微侧过来一些。她的神情不再只有茫然,我甚至看到她的眼里含着眼泪,似乎隐含着被说中之后共情的悲伤。我知道她听进去了。

我慢慢读着,读到大庭叶藏为了讨好父亲而隐藏自己的真实需求,半夜潜入父亲的房间,在父亲的礼物记录本上写下"狮子"两个字,只因他知道父亲想要送自己玩具狮子。父亲果然被哄得很开心。

小暖这时突然开口了,她的声音干涩而清晰,她问:"他为什么要自杀?"

"你再说一遍,小暖,我没有听清。"

chapter 3
伤口也能开出美丽的花

"他为什么要自杀？我父亲。"小暖声音细小，但我听得清清楚楚。

我伸过手去握紧了她的手。

"他为什么要自杀？我已经很努力了。可是不管我怎么努力，我还是留不住他……"小暖喃喃地说，在她的脸上浮起迷茫复杂的表情。

"你恨他吗？小暖？"我试探地问。

小暖下意识地摇摇头，然而悲伤猛地袭了上来，在她喉头变成大团大团的呜咽，她被强烈的情绪给噎住了。

我摁住她的背，鼓励道："你可以恨他的！他就是可恨！骂出来！哭出来！小暖！你凭什么不可以恨他！"

"啊！"小暖挣扎着，终于在喉头那里发了一声被压抑的呐喊。并伴随着滚滚的泪水。

我不放松地摁着她的背："大声！骂出来！哭出来！你可以恨他的！"

小暖终于大声地哭了出来，额头上沁出了细密的汗珠。同时她口齿不清地说道："你对不起我！你倒是轻松了，丢下我一走了之，我怎么办？怎么会有你这么自私的人！"

小暖哭骂了差不多半个多小时才平静下来，她浑身都被汗水浸湿了。我因为一直摁着她的背，怕她在剧烈的宣泄中伤到自己，也出了一身汗，但心里倍感轻松。小暖终于宣泄出来了。当恨被允许，才会有爱和希望的流动。

接下来的咨询就开始轻松一些了。小暖打开心门，开始和我说她的童年，说她对母亲的印象、自己的抑郁，也说起一直为自己奔波，看上去乐观坚强，但实际上很焦虑的父亲。

我努力听着，试图从她的讲述中找到哪怕是一点点正向信息为我们所用。然而好难，我没能找到。

她从小就是低价值的。别的孩子都有母亲，为什么她没有？那肯定就是因为自己不够好；上学后，个子、长相都比不上别人，学习跟不上进度，老师常常请父亲去谈话，大人们都在为自己头疼，一定是因为自己太差劲了，才会一无是处；到了初二，她患上抑郁症，不得不服药，常常只想睡觉，上课完全听不进去，只好退学。她觉得自己明明尽力了，还是把每件事都搞砸了；回到家里，又常常跟父亲起争执，她责怪自己什么都做不好；最后，父亲再也不顾及她，自己甩手走了，说到底还不是因为她糟糕透顶，完全不值得父亲操心。

"我一无是处，就像那本书里说的，我根本没有做人的资格。老师，我活着就多余。"

我听得心里发慌，我好想跟她说对于生命本身只要活着就是有意义的。一个人就好像是一棵树，有可能它并不会开花结果，可是这棵树活着对这个世界就是意义；我也好想跟她说，

chapter 3
伤口也能开出美丽的花

她并没有她说的那么糟糕,在我的眼里,她敏锐而细腻,表达清晰。

然而这些道理我说了她也接收不到。她不会相信的,她不信自己有价值。

这时我们的咨询已经转到了医院的精神科,她住院期间继续服用抗抑郁的药物。我也调整了一天一次的咨询频率,变成了三天一次。

在一次咨询中,她无意间提到自己三年级时养过一只猫。她很喜欢那只猫,但后来那只猫溜出门去,再也没有回来。

"它肯定遇到更好的主人了,那家人条件更好,它就不想回来了。"她带着习以为常的思维说道。在她的认知里,就连一只猫都会抛弃自己。

我灵机一动,有了一个主意。我跟薇薇沟通后,薇薇在网上找到了一只需要被领养的猫。猫的原主人答应先试一个星期,如果不合适可以送回去。

这是一只普通品种的小猫,大约只有两个月大,瘦弱不堪,见到人也畏畏缩缩。

薇薇把小猫带到病房,喜滋滋地抱给小暖看。小暖淡淡地看了一眼,并没有表现出高兴的样子。薇薇只好鼓励小猫去主动靠近小暖,结果小猫拼命挣扎,小暖也向后躲,搞得两相生厌。

"你要是不喜欢,我就把它送回去吧。"薇薇垂头丧气地说。

小暖张了张嘴还没有回答,医生就进来了,他一眼就看到了小猫,吓了一跳,严厉地批评了薇薇,说医院里不可以养猫,让薇薇赶快把小猫送走。

改变就在此时发生。小暖的眼里忽然含满了泪水,她怔怔地看着薇薇跟医生解释,看着那只被薇薇抱在怀里不太讨人喜欢的小猫,张着嘴,欲言又止。

这时薇薇开始拨打猫主人的电话,打算把小猫送回去。而这时电话怎么打都是忙音,猫主人拉黑了薇薇,他不想要回他的猫了。

"啊,这怎么办?怕是只能送宠物收容所了。"薇薇抱着这只无人要的猫,像是抱着一个烫手的山芋。

这时小暖突然爆发了,她冲了过去,一把抢过薇薇手里的小猫,哭喊道:"为什么你们都不要它?为什么?它怎么了?它就这么不值得被爱吗?你们不要,我要!"

她把小猫紧紧地抱在怀里,就好像抱着一个失而复得的珍宝。她自己也是被遗弃的孩子啊,那一刻她抱的不只是猫,她是替这个世界抱住了自己。

后来,薇薇问我是不是故意的。我摇头,我怎么会有提前预知的能力?我对薇薇说,这都是天意。

是的，天意。你看这个世界不会轻易抛弃任何人。这是小暖发现自己对这个世界有价值的开始。从此这个世界上至少有一只猫需要她。

后来我跟小暖约定，在她住院期间薇薇暂时替她养着这只猫，等她一出院，就把猫送回来给她。这期间薇薇也会不定时地带猫来看她，并且每天把猫的动态传给她看。

"这是你的猫哦，我一点都不喜欢猫，我只是替你养，你要赶快出院来照顾它，不然我就只能把它送到宠物收容所。"薇薇半真半假地对她说。

这期间，薇薇带猫来看小暖时，我们发现了小暖的新技能，她似乎有跟动物沟通的能力。小猫再怎么不乖，只要到她的手里，被她轻轻地抚摸着，喃喃地跟小猫说着话，小猫就会安静下来。因此不管薇薇怎么照顾小猫，小猫始终只跟小暖亲密。

等小暖出院了以后，我们试着带她到宠物医院去，同样的事情也发生在了她和其他动物的身上。她有着非同寻常的敏锐和共情能力，她的手和声音就像是有魔力，可以安抚最焦躁的猫猫狗狗。

看到小暖的技能，宠物医院老板瞪大了眼睛，立刻就邀请小暖去做学徒。

"等你学好了，就直接在我这里上班吧。"老板对她说。

现在她不仅对自己的小猫有价值，对很多不能和人说话的小动物也有了价值，同样她对宠物医院的老板也有了价值。我相信她以后对那些猫猫狗狗的主人们也会有价值。

她找到了自己对这个世界的价值，就有了继续活下去的理由。

三年后，我举办了一场与抑郁症相关的沙龙，我特意请她来做分享的嘉宾。

那时的她，已经在宠物医院工作了三年，听说她还拿到了自考的大专文凭，在为最终拿到宠物医师资格证做准备。

她站在灯光之下，虽然还是那么瘦弱，但眉宇间有了自信的气场。她向大家介绍说自己曾经是重度抑郁症患者，尝尽了抑郁反复发作的苦。

"所以，你是痊愈了吗？抑郁症是可以被治愈的吗？"有人问她。

她沉思了一会儿，坦然答道："并没有痊愈，我其实是带病生活。我的抑郁没有消失，我能够感觉到，它还在，我不再想要消灭它，就好像我没办法消灭人生的不如意。我们只是和平共处了而已。"她顿了顿，接着说道，"我甚至因为它有所获益。我能够敏锐地感受到小动物的痛苦或喜悦，这样的感知力其实是因为我曾经抑郁过。但我不想对抑郁说感谢。如果我有选择权，我绝不会选择抑郁，因为确实太痛苦了。可我必须承认，它也许没有想象中那么可怕。伤口还在，但那些经历，也许能开出花来。"

这是一个温暖的故事。生而为人，爱不能，求不得，谁还不是在带病生活？但我们都勇敢而无畏地活着，并且努力想让自己活得更好！

愤怒的两面

> 我之所以来做咨询，是为了控怒保命。医生说如果我再不控制自己的愤怒，迟早有一天我的血管会爆裂。
>
> ——来访者：林华（化名）

> 晚上睡不着的时候，我不断想象我酣畅淋漓地怒骂他们，还把桌子也掀了。可是一觉醒来，我还是那个怯懦窝囊的人。我想问，我为什么不能发火？
>
> ——来访者：张韵（化名）

林华是一家公司的会计。她来做咨询的诉求是：控怒保命。

她今年三十九岁，没有结婚，只有过两次短暂的恋爱。这两任男朋友都因为没法忍受她的坏脾气离开了她。

在生活里她没有可以交心的朋友，她不太懂得怎么去维系友谊；在单位里她的人际关系也很糟糕，她常常在工作中发火，一点点小事就会点燃她的熊熊怒火。每个来报账的人只要单子上出一点错，她都会把单子扔回去，劈头盖脸地说一顿。大家怕她又不得不尊敬她，只因为她有超强的业务能力，所以领导对她格外器重，同事们都对她敬而远之。

她的身体状况不太好，脱发、失眠一直困扰着她。而最近一

chapter 3
伤口也能开出美丽的花

次体检，不到四十岁的她颈椎钙化、血压偏高，心脏也检查出一些问题。医生告诉她如果再不控制自己的情绪，一定会出大问题。

她对我说："老师，我是来保命的，我想知道为什么我就是没有办法控制自己的怒气？"

就在林华为自己无法控制怒火而焦头烂额的时候，几乎在同一时期，另一位来访者张韵却为了自己不会发火而来。

她家里有两套房子，一套自己和老公住，一套出租。

最近出租的那套房子的租客搬走了，一直闲置着等新的租客。一天中午她出去办事，刚好路过这套房子，她有些内急，就想上去上个厕所。

结果打开门，她呆住了。此刻本应在单位上班的老公和他的女同事两个人像一对夫妻一样正在吃午餐。

见她进来，两个人很慌乱。惊慌中那个女同事站起身来，非常客气地问她吃了没有，没有的话过来一起吃。好像女同事才是女主人。

此时她的大脑一片空白，她也客气地回答道："不好意思，打扰你们啦。你们慢慢吃，我只是来上个卫生间。"

站在卫生间里，她慢慢地洗着手，想着要如何面对外面的那两个人。

突然听见外面房门响,她打开洗手间的门,果然那两个人消失了,只剩下一桌子的菜放在那里,还冒着热气。

她呆呆地站在那里,愤怒这时才慢慢地爬上心头。她很想骂人,可面前已经没人了。

回到家她质问老公,老公含糊其词,各种借口,还指责她多心。她也没办法再说什么,事情发生的当时都没有发火,事后似乎更是没有了发火的理由。

接下来差不多一个月的时间,她都在失眠,那天的情节不断地在大脑里回放,她的记忆一直把她拉回到那一天,在想象中她掀翻了那一桌菜,狠狠地在丈夫脸上打了一记耳光,把菜汤泼到那个女人脸上,劈头盖脸地骂了他们一顿。

越想越睡不着,越睡不着越恨自己尽。

她问我:"老师,我为什么不会发火?"

这两个来访者刚好被安排在同一天,早晨我接待完林华,下午我就会接待张韵。她们两个人的故事就好像是一个硬币的正反面,彼此印证,给我提供了不同的看世界的视角。

容易发火也好,没法发火也好,这只是我们看得到的行为,我更关注行为的背后隐藏着什么样的信息。我需要探索的是她们为什么会形成这样的应对模式。

我对她们说:"如果你形成了一个应对模式并且一直持续不

断地用下去，这意味着这个应对模式一定给你提供过好处，你借助这个应对模式获得了资源。"

也就是说林华这么容易发火，一定是因为她利用发火的方法解决过困境和难题；而张韵这么隐忍，也一定是她曾用这样的应对模式度过了生命中的至暗时刻。

林华听我这么说，陷入了沉默。良久后，她跟我说起了自己小时候。

她很小的时候父亲就去世了，家里只有母亲带着她和弟弟，住在村子里，孤儿寡母常常被人欺辱。有一天，有一个近族的无赖上门滋事，母亲哭，弟弟也哭，结果那个无赖越发猖狂。在母亲和弟弟的哭声中，她大脑充血，拎起了一把菜刀，疯了一样要砍那个无赖。那个无赖转身就逃，她提着那把菜刀从村头追到村尾。从此，她一战成名，人人都知道林家的女儿惹不得，村里再也没人敢欺负她和她的家人。

她体会到了愤怒所带来的力量感和控制感。后来在学校，一点小事，她都可以和对方大打出手，哪怕对面是人高马大的男生。很快她在学校里也出了名。

工作以后，单位的规模很大，但配备的财务人员却很少，导致林华每天的工作都是高强度。每天来处理账单的人络绎不绝，她的坏脾气令每个来报账的人都不敢敷衍，大家都仔细看清单子再来,结果她有效减轻了工作强度,提高了工作效率。同时干净利落霸气的行事风格完美树立了她业务能力高但不好惹的人设。

"什么事都不能忍,你越忍,别人越欺辱你!"这就是她的人生信条。

你看,林华确实是在愤怒中获得了好处。她用愤怒保护了自己和家人、宣告了力量、捍卫了底线。

而张韵却背负着一个令人无奈的童年。

五岁那一年,母亲怀孕,照顾不了她,于是她被送到了大伯家代养。伯母满心不愿意,大伯家里已经有两个孩子,家庭条件也不是太好,再多一个人负担会更大。奈何他们家大伯说了算,大伯应承的事,伯母的拒绝不起作用。

伯母是这样的态度,小张韵的日子自然就不会好过。在大伯家,她小小年纪就学会了察言观色。记得有一次母亲挺着肚子来大伯家看她,背着大伯、伯母,她恳求母亲带她回家。母亲捧着她的脸,一字一句地说:"万事忍让,有眼力,多做事,别耍小孩子性子,多让着哥哥姐姐。这样你的日子就好过了。"

她记住了。母亲决然地走了,也带走了她的希望。寄人篱下、在夹缝中求生存,张韵牢牢记住妈妈的话要多让着哥哥姐姐、别耍性子。

一直到小学三年级她才回到自己的家。但回到家她也不能任性，家里人对后出生的弟弟百依百顺，要想得到父母的认可，她不仅要事事让着弟弟，还要抢着做家务。

所以不难想象，为什么张韵从不发火，因为没有人在乎她的感受。她的生存环境是不可以说"不"的。她活得太艰难了，这样隐忍、讨好的应对模式是她唯一可以得到认可的方式，也帮助她在复杂的情境中活了下来。至少现在家人们提到她都会说："那个孩子自小就懂事，从来没见她发过火，真让大人省心！"

所以，林华常常发火，而张韵很少发火。只因为这是她们习惯的应对行为模式，这样的模式曾经保护过她们，帮助她们得到过资源，让她们可以顺利成长。

林华借助愤怒获得了力量感、控制感；而张韵的隐忍则帮助她得到别人的认可，有一个比较好的人缘。

但是很明显，她们习惯的应对模式已经给她们带来了显而易见的坏处。

林华在生活中格外地孤独和寂寞，她很难去懂得别人，基本没有能力去和别人共情，很难跟别人形成特别亲密的关系，她没有朋友，也没有爱人，下了班以后形单影只，同时长期的易怒暴躁让高血压和心血管等方面的疾病也找上门来。

而张韵欠缺的是可以保护自己的底线。在她嫁人之后，她的家几乎变成了一个中转站，凡是来省城办事、找工作的亲戚都心安理得地住在她家。当弟弟要结婚，父母也理所当然地要求她出一份钱。老公不愿意回家，跟自己单位的女同事暧昧，跟林华没有底线地纵容自己的家人有很大关系，而面对老公的出轨，林华同样还是没有底线地纵容退让，老公能够毫无顾忌地欺辱她，就是认定了她一定会忍耐。

每个月的月末，咨询中心都会组织一场心理剧的排练。针对不同的主题，由不同的心理老师带领，对外公开招募心理剧的爱好者参与。没有专业的演员，但每一个参与者都可以是演员。

这一次的心理剧专场由我带领，主题是"愤怒的两面"。我邀请了林华和张韵一起来参与，我想尝试用心理剧的方式来为她们两个做一些疗愈。

十二个成员围坐成一个圆，周围放置丝巾、面具、椅子作为道具，林华和张韵作为案主，我要求她们选择场内的成员，使用任何道具，把自己的愤怒演出来。

林华选择了一个高大的男生扮演自己的愤怒，又选择了一个女生扮演自己。她让自己站在前面，让愤怒紧紧贴着自己站在身后。

"是这样的吗？这是你的愤怒和你的关系？"我问林华。

她打量面前的画面，摇了摇头，迟疑着说道："我的愤怒比他还要高大。"

于是我让男生站在一个台阶上,她摇头,说,比这个还要大。

直到这个男生站在了一把椅子上,她才点头认可。

于是最后呈现的画面是,扮演自己的女生无力地蜷缩在椅子上,而扮演愤怒的男生高高地站在自己身后的椅子上,手向下摁着她的头顶,完全笼罩了蜷缩在椅子上的自己。

我轻声问林华:"这样的话,你和你的愤怒,谁在做主?"

林华凝视着这个画面,还没有说话,那个扮演林华的女生已经承受不住身后愤怒巨大的压迫感,呻吟道:"我喘不上气来,太难受了。"

林华也捂住了胸口,她脸色苍白,大口大口地喘着气。

这就是平时她的状态啊,当她任凭愤怒流淌时,做决定的其实是她的愤怒,那些伤人的话和行为都是她的愤怒所为,而她真实的自我格外无力,甚至消失了,而她愤怒的巨大气场令所有人都不敢接近她。

张韵则为我们呈现了另一个完全不一样的画面。

她也选择了一个女生来扮演自己。

我问她:"别人对你的评价常常是什么?或者说你平时让别人看到的状态常常是什么?"

她并未迟疑,答道:"好脾气吧。大家都说我修养很好,从不发火。"

我让她选择一个人来扮演她的好脾气。

于是最终我们看到了这样一个画面：扮演张韵的女生和扮演好脾气的女生手挽手靠在一起，而张韵把扮演愤怒的同学安置到离她们很远的角落还不够，她甚至还在愤怒的身上盖了一张黑布，把愤怒完全地藏了起来。

好脾气和自己紧紧靠着，如影随形，面对一切。难过的时候，遇到羞辱的时候，生气的时候，她们都靠在一起，没有分开过，而远处黑布之下的愤怒无声无息地蜷缩着，如同不存在。

整个场景鸦雀无声。这个画面呈现得既心酸又诡异。张韵看着这个画面，眼泪再也止不住。

我问她们："如果你们是雕塑师，如果你们有意愿去改变，那么你们会想要怎样调整这个画面？你们期待的与愤怒的关系是怎样的？也许你们可以重新做一个雕塑。"

林华撤掉了愤怒所站的椅子，让他站到地上来，不那么高大强壮。

张韵则让愤怒掀开了盖在身上的黑布，显现出来，站到自己身边。

她们两个在不断地调整之后，都选择让愤怒站在自己的身后，保持一定的距离，但触手可及。确定自己一回头就可以看到，一伸手就可以碰到。

这是一个她们认为比较理想的状态：自己才是主人，而自己知道愤怒是在身后的，当自己需要它的时候，随时可以召唤它，让它去捍卫底线，去表明态度。而不需要的时候，它会静默笃定地站在自己的身边，不打扰不影响，但自己仍然能体会到它的力量。

愤怒没有消失，她们在体会到愤怒力量的同时，尝试与愤怒建立一个良好的合作关系。

心理剧结束之后，林华和张韵都意识到与愤怒合作的意义。
咨询还在继续进行。

林华在后期的咨询中，一直在学习如何使用温和的表达方式又同时保有坚定的力量。我也会陪着她回到自己的童年，去拥抱那个愤怒的小女孩，去让她看到那个小女孩愤怒的背后是深深的无助。她需要不断地告诉那个无助的自己：现在我长大了，我有很多力量，我有能力选择更好的行为方式去解决问题；我是有力量去控制愤怒的，而不是被愤怒控制。慢慢地，她尝试着撕开了僵硬冰冷的应对模式，开始变得柔和。

而张韵，在后期的咨询中，我陪伴她一直在做一件事：尝试唤醒愤怒的力量。我陪着她回到童年，去拥抱小时候把难过悲伤全部咽进肚子里的那个无助的小女孩，去告诉那个小小的自己：你别怕，我现在长大了，我有足够的力量去保护你，你再也不用忍耐。当遇到不公和伤害，你可以大胆表达！这样慢慢地去唤醒她的自我价值，去令她相信自己配得到很好的对待，渐渐地，她开始建立自己的界限，开始生长出一些棱角与锋芒。

这两位来访者教会了我一件事：愤怒就像一枚硬币，它的两面都真实存在，值得我们看到并尊重。

愤怒积极的一面是：它本身是一种能量，它能够让我们宣告底线，让我们可以保护自己。如果一个人没有了愤怒，他很可能会丧失界限感，失去了应对挑战的勇气和能力。

而愤怒的另一面是：愤怒本身是没有对错的，但愤怒引发的行为是有对错的。如果我们臣服于愤怒，任凭愤怒奔流，它引发的行为就可能伤害到别人或自己。

管理情绪，从来都不是让愤怒消失，而是与愤怒合作。在感受上接纳和允许愤怒，告诉自己你是可以愤怒的。但同时，不让愤怒主导自己的行为，不让愤怒控制自己。也就是说，保持愤怒的力量，但不让愤怒肆意流淌。

愤怒是我们的朋友、合作者。最好的状态就是当我们需要它

chapter 3
伤口也能开出美丽的花

时，我们有能力召唤它出来宣告底线、宣告力量。而宣告到什么程度——我们有能力控制。当我们不需要它时，它会安静地退开，静静地与我们保持着合适的距离，恰如其分地存在着。

从来就没有纯粹的受害者。

如果你认定自己是受害的那一个，
你就把命运交付到了别人的手里……

而当你愿意在痛苦中去考量自己可以承担的责任，
你就拥有了自我成长、
获得幸福的可能性……

我在人群中
好孤独

chapter 4
跳出受害者心态

每个人都有自己的月亮

我不是受害者，我为我自己的一切负责，我不再害怕了，我是有选择权的人。

——来访者：小雨（化名）

到这个月为止，我已经认识小雨三年了。

今天，她来到咨询室，穿着带白色蝴蝶结飘带的衬衣、黑色的包裙、黑色的小高跟鞋，涂了豆沙色的口红，还化了精致的眼妆，格外地明媚漂亮。

我明白，我们两个告别的时候到了。从一开始一周见一次，到现在一个月见一次，我们其实早已经做好了告别的准备。

"老师，我今天把离婚协议书递给他了。"她的眼睛好像闪着明亮的光。

我百感交集，因为做这个决定，她用了三年的时间。

还记得小雨第一次来到我的面前时，她穿着一件宽大的袍子遮挡自己发胖的身材；头发蓬乱，似乎都没有好好梳过；脸色灰暗，浮肿的眼睛下面是因为睡眠不足导致的浓重的黑眼圈。还没有开口说什么，先痛哭了半个小时。

她从商场买菜回家，在路边看到老公的车。当时车里不只坐着老公，副驾驶座上还坐着一个大波浪鬈发的美艳女子。接下来，各种细节都告诉她一个事实：结婚十年的老公出轨了。

她偷偷观察老公的一举一动，检查老公的衣物，趁老公洗澡时偷看老公的手机，甚至跟踪老公。嫉妒和猜疑让她过得苦不堪言，可是她却连问老公一句"你是不是出轨了？"的勇气都没有。

她和老公是研究生同学，两个人毕业以后就结婚了，共同开了一家生物研究公司。公司刚有起色，她发现自己怀孕了。老公跟她商量说，事业与家庭都很重要，不如她在家带孩子，他在外面努力赚钱，他们分工合作，把日子过好。她觉得很有道理，于是就离开了公司，回家全心带孩子。

老公生意越做越好，她也把家打理得井井有条，两年后又生了第二个孩子。儿女双全，她以为日子会这么平淡幸福地过下去，谁承想，变故来得如此猝不及防而残酷。

小雨不得不考虑现实问题。她已经十年没有工作，还带着两个孩子，如果把事情挑明，她就得面对离不离婚的问题。可是离了婚，她还能不能找到工作，有没有能力养活自己、养活孩子？而如果不离，她又怎能屈辱地忍耐？

痛哭了半个小时后，她提出了第一个诉求："老师，你可以想想办法吗？让我老公跟外面的女人断了，不要出轨。"

我摇了摇头，告诉她我做不到。来做咨询的人是她，并不是她老公，我没有能力去给一个不在场的人做工作。

她又提出了第二个诉求："那老师，你能不能给我出出主意，我能做点什么让我老公回心转意？"

我还是摇了摇头。我猜这段时间她一定做了无数的尝试，如果她这么努力都做不到，我又能有什么办法？

见我连连摇头，她有一些生气："那我付了咨询费，你到底可以为我做点什么？"

这是重点，我可以做点什么？我可以陪着你，去帮你看看在这段婚姻里你有没有可以负起的责任；去帮你寻找自己的优势资源；去帮你把注意力放回到自己身上，去爱自己，去燃起对生活的兴趣，去努力变得更好。

她瞪大了眼睛问我："我变得更好，我老公就会回心转意吗？"

我还是摇了摇头："我不确定。你知道你现在为什么这么痛苦吗？不仅仅是因为他感情上的背叛，更是因为你没有选择权。当你变得更好，你有工作、有自己的朋友圈、有自我价值，你就会有选择权。你可以选择离开他，也可以选择好好跟他沟通，原谅他。"

她听我这么说，沉默了好久，又哭了起来，我没有打扰她，默默地把纸放到她的手心，陪着她，让她安心宣泄。

这是一个长期的咨询，在这个过程里，小雨是成长者，而我更多是陪伴者、见证者。

咨询的前期，我们花了很多时间，尝试让小雨把注意力从老公身上收回来，放到自己身上。尽量不去关注老公的行踪，不再沉浸在那些痛彻心扉的背叛细节中。小雨开始做瑜伽，管理自己的身材；参与了读书会，接触了一群爱学习的人；她还尝试烘焙，孩子们非常捧场；她重拾起之前的化妆习惯，研究怎么打扮会更好看。

咨询到一年时，老公感受到了小雨的变化。当小雨的注意力不再全部放在他身上时，他发现小雨的抱怨指责变少了，于是他在家的时间明显增多了。

"老师，他在家的时间变多了。我能感觉得到，他会故意找话题来跟我说话。以前，这是我最期待的事。可是现在，当他这么做了，我一点也开心不起来，我还是那么地怨恨他。"咨询过程中，小雨把她的困惑告诉了我。

确实，那些背叛和伤害是真实存在的，因为没有处理过，所以也没有消失过。

看到小雨已经开始习惯把注意力放到自己身上，时机成熟，我想要帮助小雨看清自己在婚姻里可以负的责任。

小雨在这段婚姻里看起来特别像一个受害者，小雨的先生在这段感情里一定负有责任，但如果小雨总是抱怨指责，把愤怒外投，她就很难获得成长。

"小雨，你猜一下你先生会怎么评价现在的你呢？"

"啊？"这个问题，小雨有点意想不到。

"对，你觉得你先生会怎么评价现在的你？"我把语速放慢，重复问道，以便让她听得更清楚。

"他可能会觉得现在的我不太钻牛角尖了，比较温和，也不太发脾气了。甚至他可能会觉得我有点神秘。我现在生活还挺丰富的，不太关注他了。"小雨思忖着说道。

"哦……"我顿了顿，接着问道，"那小雨，你先生会怎么评价以前的你呢？就是刚来做咨询那时候的你。"

这个提问不见得是令人舒服的，小雨的脸色阴沉下来了。

我耐心地等待着。

"脾气暴躁？经常钻牛角尖……"小雨喃喃地说道，没说两句，她焦躁地停了下来，提高了音调，"可是老师，他又好得到哪里去呢？不专一、花心、撒谎……"

"可是小雨，是你来做咨询，是你想要改变。"我打断了她。

小雨沉默了，她的表情变得悲伤，过了许久，她才说道："老师，我明白你的用意，是的，我承认那时的我注意力全在孩子身上，不注重仪表、满腹怨言、絮絮叨叨，那时候我自己也不喜欢自己。"

这次咨询之后，小雨觉得有勇气面对了，于是她平静地去跟老公谈，说自己早就知道他出轨的事。老公很惊讶，因为面对这么大的事，小雨只是单纯地表达着自己的失望和伤心，没有撒泼、怒骂，也没有一味地指责、埋怨。

在开诚布公的氛围里，两个人有了一次真诚的交谈，老公跟她道歉，讲了一些他在婚姻里的失望，也讲了外面女人吸引自己的原因，讲了自己的纠结。而小雨也意识到自己在婚姻里并非纯粹的受害者。从离开职场开始，她总觉得自己牺牲太大，而对先生有很多抱怨和唠叨。同时她把大量注意力放到孩子身上，确实也忽略了自己的枕边人。

这一次的谈话，令他们之间的关系变得坦诚了。在接下来的日子里，小雨看到老公留在家里的时间更多了，似乎也尝试去解决外面的关系。

咨询到第二年时，小雨突然接到了一个陌生女人的电话，那个女人在电话里哭诉自己和小雨先生的关系，请求小雨放手，成全自己。小雨在女人的哭声中听到了对方的焦虑，一如从前的小雨。

小雨什么也没说，默默地把电话递给了先生，先生在电话里和对方吵了起来，声音很大，先生一边争吵，一边撕扯着自己的头发，痛苦万状。小雨安静地走了出去，把门轻轻拉上，站在清凉的空气里深呼吸。

"老师，他外面的女人不是很好沟通，我感觉他比我痛苦纠结多了，我甚至还有点同情他。"她对我说。

"那你是怎么想的?"我问她。

"那是他自己的问题,他自己会解决。我做好自己,先把自己照顾好。其他的任何事,等我自己调整好再考虑。"她冷静地回答。

咨询到第三年,与最开始颓废的那个她相比,小雨像是脱胎换骨重获新生了。她穿着得体、气质优雅、有一群志同道合的朋友。这时两个孩子也都上学了,她决定要重新为自己而活,在朋友的帮助下,她有了工作的机会。于是她走出家门,重新开始工作。

而今天,她更是做了一个重大的决定,把离婚协议书递给了老公。

"你想好了?"三年的陪伴,我看到她其实对于这段婚姻还是有留恋的,所以我并不确定她的决心。

"想好了,这不是一个心血来潮的决定。"她微笑着说。

"你现在是什么感觉?"咨询中最应该看重的就是来访者的感受。

"轻松、有力量。"她很自然地说出了这句话。

"有力量?"

"对,我一点都不怕了,我自己也可以过得很好,我也能照顾好孩子。我感觉自己很有力量。"

我欣慰地点头，问道："那你老公是怎么回应你的？"

"他不愿意。他说他跟那个女人已经分开了，他希望我可以再想想。"她耸了耸肩。

"那你是怎么想的？"我接着问。

"他给我的伤害还在，我要给这些伤害一个态度。我想让他知道我的底线不可以触碰。"

"哦，我似乎听到了一些其他的可能性。"我眨了眨眼睛。

她笑了，眼睛黑亮动人："未来的事情谁说得清呢？老师，你跟我说过，不要着急给自己的未来下定义。我还记得你说过，我可以选择原谅他，也可以选择不原谅他。是的，不着急，一切都要看他是不是真的会改变。老师，现在选择权已经在我手上，我是有选择权的人！我可以选择我想要过什么样的生活。"

"我是有选择权的人"，再也没有比来访者说出的这句话更动听的语言了。

这意味着，我是我命运的主人，我可以为我自己的命运做出选择。

小雨的故事说明了什么？我们试着来理一理。

在亲密关系里，从来没有绝对纯粹的受害者。很多时候，婚姻里的问题不是谁的错，而是两个人的合谋而为。

从小雨的角度来看，她犯的第一个错误是放弃了自己的工作。她研究生毕业、能开公司，她的工作能力毋庸置疑，所以她的自我价值不仅仅是承担家务和带孩子，对这个世界和她自己，她都应该有更多的价值输出——这里并不是说承担家务这件事是没有价值的，做家务这件事有没有价值不应该来自社会或道德标准的评判，而是来自小雨的认知。如果小雨认为家务这件事很有价值，那她承担家务也会给自己提供足够的价值认同感。但在小雨的内心，她认为自己的价值仅限于承担家务和带孩子。这导致她的自我价值感降低，认为自己的放弃是牺牲。于是，在婚姻里难免会对先生有怨气，转化到交流中就是更多的指责、唠叨、责备。

　　小雨犯的第二个错误是在婚姻里把孩子看得过重，将大量的注意力放到孩子身上。她只关注孩子的需求而忽略了先生，更糟糕的是她甚至都忽略了自己。在长达十年的时间里，她完全失去了自我成长的动力和方向，没有可以交流的朋友圈，没有学习和成长，对管理自己的身形和外表丧失兴趣，甚至失去了对未知世界的好奇和探索。不用道德标准来评价他们婚姻中的对错，就从她自己真实的情况来看，她生活得很不积极并且满腹抱怨；对于她的丈夫来说，她的吸引力确实减弱甚至是消失了。当她不爱自己时，别人也不会爱她。

　　爱与幸福这件事，自己负责。如果把自己的情感需求寄托于别人身上，终究只是流沙上的城堡，坍塌只在顷刻间。

幸福只能掌握在自己的手里，毕竟各人的天空都有各自的月亮。

尽管有时别人的月亮也会照亮我们的夜空，但终究我们不能指望别人的月亮成为自己的光和希望。

如果我们希望在夜里有月光能为自己照亮前路，那就得自己做自己天上的月亮。小雨三年的咨询，一直做的就是这件事。

给自己营造一个月亮，首先最需要关注的是自我价值，这是我们人生的基础底色。人是群体动物，我们活在集体中，本能地就会期待对集体有贡献、有意义，渴望集体的接纳和认同，这是我们自我价值的来源。因此，任何时候，我们都需要承担一些我们认为有价值的工作，让自己融入社会从而证明自我价值。

其次，好好爱自己。如果你期待拥抱，也许你要先学会拥抱自己；如果你期待陪伴，也许你要先全身心地好好关注自己，能和自己独处。如果你需要的是认可和接纳，也许你要先接纳、包容自己的一切，发自内心地与自己和解，真实地用行动去一点一滴地爱不完美的自己。

最后，是把最好的自己活出来。寻找到自己的优势资源，再努力去放大这些优势。你不用每一方面都做得很好，你可以选择一两个自己有优势的方面去努力。只要这一两个方面做得比别人好那么一点点，就足以提供给自己有成就感的情绪体验。慢慢地，这样的情绪体验就会帮助你找回自信。

请务必记得，任何时候、任何情况下，都应该优先把注意力放到自己身上，把自己先照顾好。所谓爱满则溢，当自己可以爱自己，把自己照顾得很好，才有更多的能量去爱别人。而当自己足够精彩，你就会如同一个发光的能量场，照亮自己的同时，也能照亮别人。

前妻的狗

> 我掀开窗帘看着大毛时，就好像看到了自己……无助、无力、悲伤、无法诉说……外面阳光明媚，可是跟我有什么关系？大毛还能仰天嚎叫，而我却只能缄默。
>
> ——来访者：柳权（化名）

"老师，我想请你去我家看一看，我的狗得了抑郁症。"

荒唐！这是我的第一感觉。我看着坐在我面前的中年男人，眼里流露出诧异。

他穿得极其随意。松垮的针织衫，在肘部那里破了一个小洞，但他完全没有意识到。头发留得很长，邋遢地垂在肩上，看起来已经很长时间都没有清洗修剪过。

他的眼睛混浊，在发缝间十分诚恳地看着我。我意识到他是认真的。

"哦？你能说得更仔细一些吗？"我拿起了记录本。

他如释重负，舒了一口长气："老师，谢谢你，我试过两家咨询机构了，他们都说不做动物的咨询。"

我心里暗忖，也许我的同行是对的。像现在，我居然和他一本正经地讨论着一条狗的抑郁，确实够荒唐。

他名叫柳权，他说的狗，是前妻的狗。

前妻跟他离婚时带走了自己的一切，唯独留下了这条叫作大毛的阿拉斯加犬，理由是他住的地方有个院子，狗更适合在院子里养着。

"你天天待在家里没事干，我把大毛留给你，你每天遛遛它，总比你一直闲待着好。"看出柳权的犹豫，她补充道，"我不会不管它，我会常常回来看它的。"留下这句话和这条狗，前妻就走了。大毛傻乎乎地站在原地，跟着前妻走了两步，又转回头来看着他，茫然无措。而柳权看上去比大毛还要茫然。

他并不喜欢狗。原来前妻在的时候，遛狗、喂狗都是她的事，她现在要走，为什么偏偏要把狗留下来？可是拒绝的话他说不出口，就好像她说要离婚，他拒绝不了，她要搬走，他也拒绝不了。

前妻走了。十天、二十天、一个月，一直没再回来过。大毛吃睡都在院子里，柳权定时定点给大毛放置狗粮和水。大毛成天趴在院子的栅栏门边，寂寞地把头搭在门沿上，等着一个自称会回来却从来没有回来过的人。再后来，它失望了，常常会抬起它硕大的头颅，仰头向天，发出狼一样的嚎叫。吓得路过的人一个跟跄。

有时他在屋里能听到外面的人在议论："这狗叫得这么惨，怕不是抑郁了？主人也不遛遛它吗？"

他拿出手机来，拍下大毛嚎叫的样子，发给前妻，前妻回复了一句："你遛遛它啊，你一天到晚闲着干什么？"

他又拍下一院子的狗屎发给前妻。不知怎的，前妻生气了，她怒气冲冲地回复了一句："你是残了吗？你不用打扫，干脆也不用给它喂狗粮，把它饿死最好。"然后干脆把他给拉黑了。

她可能忘记了，她自己说过她不会不管。她更加忘记了，这并不是他的狗。

漫长而寂寞的白天，阳光烤着大地。大毛蹲坐在大门前，突然仰天嚎叫起来。阿拉斯加犬的外形接近狼，嚎叫声也像狼，撕心裂肺，特别凄凉。柳权撩开窗帘向外看，呵斥了一句，让它住嘴。可它还是不管不顾，在明亮的阳光下嚎叫着，搞得路人纷纷侧目。

他打开门走到院子里，看到装狗粮的盆已经被大毛拱翻了，狗粮撒了一地，而一院子的狗屎也散发着恶臭。

柳权呆愣地站了一会儿，拿起扫把把狗屎清了出去，又在角落里找出落满了灰的遛狗绳套到大毛的头上，准备带它出去走走。而这时他发现，大毛已经不愿出门了。以往一见到遛狗绳就活蹦乱跳的它，现在用尽全力跟他对抗，不愿出去，甚至干脆躺在地上，任凭他怎么拖拽，就是不动弹。

从那天起——或者也不只是从那天起，大毛不想吃东西，恹恹地躺在门口不爱动弹,偶尔抬起头冲着外面发出哭泣一般的嚎叫。

后来他实在是没了法子,只能请了兽医来看。兽医检查了一番也没找出原因,挠着头说:"它怕不是抑郁了吧?要再不好好吃东西、不出门遛遛,它会死啊。"

兽医走了。他茫然地站在原地,看着无精打采躺在地上的狗。狗潮湿的眼睛也在看着他,他们就这么默默地对视着。他突然感到腮上有凉意,伸手一摸,竟然是眼泪。

"老师,我不想让它死。"柳权说。看着他那双潮湿而悲伤的眼睛,一瞬间,我觉得我看到了大毛。

他和大毛好像是一体的。他们都被遗弃了,他们都渴望着爱与温暖却都无能为力。

当他撩开窗帘看着大毛时,他看到的其实是自己吧?无助、无力、悲伤、无法诉说的那个自己。外面阳光明媚,可是跟自己有什么关系?大毛还能仰天嚎叫,而他却只能缄默。

柳权在为大毛求助吗?但其实他是在为自己求助。

他不想让大毛离开?还是他隐隐对这个世界还有期待,他不想自己就这样被彻底淹没?

"你不想它死,那么你为什么不管它?"我问道。

chapter 4
跳出受害者心态

柳权抬起眼睛来张皇地看着我。

"我没有责备的意思。我是觉得很矛盾，你一方面不管它，另一方面又不想让它死掉。我想知道这是为什么。"我解释道，尽量让自己的语气平和，没有责备的意味。

他沉默着垂下头，双手扭在一起，不知道怎么回答我。

"你是希望前妻能回来照顾它吧？如果你把大毛管得太好，她就不用回来了。是这样吗？"

他的头垂得更低了，半长的头发完全挡住了他的脸，我只能看到一滴眼泪重重地砸到了地面上。

"你不想她走？那么你为什么不留她？"我狠心地继续逼问。

他的嗓子发出一声哀号，我想，大毛也是这样叫的吧？

他哀号着说："我拿什么留她？"

柳权失业已经四年了。

他曾经有一家自己的公司，是从父亲手上接过来的，二三十个人的小公司，经营不太景气。妻子看得着急，不停地对他说："你得另找出路啊，不能一棵树上吊死。"

这何须她说？他是知道的。但问题是他不知道要怎么做。尝试了好几次都失败了，甚至有一次差点被人骗得血本无归。做事有风险，柳权觉得与其瞎撞，不如在看不清形势的时候保持静默，于是他开始把时间用来打游戏。

一年后，公司倒闭了。柳权也不是特别着急，当初父亲手上积累了一些房产和财物，就算公司彻底破产，也够他生活一段时间了。他无法理解妻子为什么那么焦虑。而妻子越是焦虑，他就越是没法鼓起劲来。

每天妻子上班后，他差不多睡到十二点才起来，点个外卖吃完他就开始打游戏。差不多消磨时间到下午六点多，估摸着妻子快要回来了，他才关上电脑——不关是不行的，妻子看到又会好一顿唠叨。可是就算关上电脑，她也是要唠叨的：为什么没有煮饭？为什么洗衣机里的衣服没有晾？为什么地那么脏？你闲在家什么都不干的吗？她好像看什么都不顺眼。

她还会不停地跟他讨论未来、奋斗。

柳权一味地应着，目光呆滞，实际上他一句都没听进去。

什么未来？躺平不好吗？既然做不到，考虑那么多干什么呢？

柳权就这么浑浑噩噩地过着，妻子也开始变得沉默。

直到有一天，她把大毛带了回来。她直直地盯着他，郑重其事地对他说："这可是条生命，你好歹把它照顾好，如果你连它都照顾不好，我们就离婚吧。"

他不明白为什么照顾一条狗会跟婚姻有关系。但他明白妻子是认真的。他提醒自己，就算不情愿，还是得喂喂它，遛遛它。

有一天，柳权打游戏忘记喂大毛。

妻子回来后看着空空的食盆，怒气冲冲地去盛了一碗狗粮，放到大毛面前。

他无力地撒着谎："我喂了的……"

大毛疯狂地吞着狗粮，凶残到差点拱翻了食盆，他解释的话也咽了回去。

妻子绝望地看着他，眼里满满地含着泪水："你废了，柳权，你废了！"

当妻子把离婚协议书拿到他面前时，他很想问，就因为忘了喂狗？但他没有问出口，他们都清楚不只是因为这条狗的问题。妻子的绝望密密麻麻地写在协议书上，他无力应对，无力挽回，只能拿起笔来，签下了自己的名字。

算了，反正都是留不住，那就不留了。

妻子就这么走了，好笑的是，明知道他不喜欢狗，却偏偏把狗留给了他。

大毛躺在屋外，柳权枯坐在屋里，他们一起等着一个不会回来的人。

他撩开窗帘，看着正在嚎叫的大毛，就像看见了自己。他们都没什么用，所以也不值得被关怀。有时他也想，要不要去安抚一下那条寂寞而孤独的狗？这么想着，却没有办法移动脚步。他隐约觉察到内心的恶意：自己还不是没有人安抚！凭什么它可以得到？要不然就一起孤独吧。

他默默地放下窗帘，坐回到电脑前，漠然地听着窗外大毛一声接一声地嚎叫。

我听着柳权的讲述，开始相信大毛真的是抑郁了。成年狗狗也拥有三四岁孩子的情绪和情感。既然如此，大毛也会抑郁。我同时基本能断定柳权也抑郁了，不是近期的事，很有可能是在公司倒闭的时候就出现苗头了。遗憾的是，当他失去能量，开始躺平的时候，他并没有意识到自己很可能是病了，没有任何人意识到。

我充分理解他的妻子，她为这段婚姻努力过。直到两人关系的最后一刻，她潜意识里觉得留下一个活物给他，有可能会拯救他的生命。大毛，那是她留给这个男人最后的一缕温情。

我决定帮柳权，不让大毛死去。大毛好起来，是他疗愈的第一步。

"你希望你的妻子怎么对你，你就怎么对待大毛。"我对他说，"你可以化身为妻子，把大毛当作你。为了保证效果，我希望你每天专门拿出一些时间来这么做，并且拍下来，发给我。"

他有一些吃惊，想了想，没有更好的办法，他点头同意了。

"你还需要去医院，为自己做一个全面的检查。如果查出来抑郁，要配合医生吃药治疗，同时辅以心理咨询。当然，检查的结果我也要求你同步给我。"我继续建议。

"这跟治好大毛有关系吗？"

"是的，我怀疑你跟大毛一样，都抑郁了。你们都需要治疗，你好了，它就好了。"

我这么说着，同时留意到他释然地长长地松了一口气。

确实，很多来访者得知自己抑郁的结论后会释然。很多事一旦有了答案，反而更知道如何面对。原来，不是我不好，我只是生病了。既然生病了，那就治疗。能够治疗，痊愈就有可能。对抑郁，实在不需要太忌讳。

过了两天，柳权发了一张病历单过来。上面有对他的诊断——重度抑郁，丧失对生活的兴趣，严重的无力感，经常有想要结束自己生命的念头。医生给他开了药，要求他定期复查。

接下来他发给我一段视频。他随意地把手机架在地上拍摄，镜头里我只能看到他和大毛的背影。大毛躺在地上，有气无力地看着院门外。

他搬了把椅子静静地坐在大毛的身边，没有抚摸，没有说话。他们一躺一坐，如同雕像。如果不是院里阳光从树叶缝隙中漏下随风乱晃，我甚至以为那是静止画面。

不知是十五分钟，还是二十分钟，柳权终于起身，蹲到大毛身旁，生涩而僵硬地把手放到了大毛的头顶上，轻轻地摩挲着。

突如其来的温柔令大毛也有些无措，它僵硬地仰起头，也算勉强给了柳权一个回应。

柳权咳嗽了两声，轻轻地说起话来："你生病了，不是懒，也不是没出息，你只是生病了……"他再也说不下去了，哽咽着把头靠在大毛颈上。两颗脏兮兮的脑袋贴在了一起。

"老师，好神奇，它今天吃东西了。看来，它不会死了。"视频之后，柳权发来了一条信息。

其实也没什么神奇的，自始至终，大毛缺少的就是真实的爱与关心。当他拿出不敷衍的真心，大毛立刻就能感受到。

"真好！大毛吃东西了，这有你的功劳。请继续。"我真诚赞美，接着提出要求。

视频每天都会发过来，很快查看视频成了我每天最乐意做的事。

我看到柳权笨拙地为大毛梳毛；看到他牵着大毛在小区里慢慢地走，走两步后大毛站住喘息着，柳权也站住了，并没有催，一人一狗沉默地在原地站着，有麻雀在邻近的树影里叽喳；我还看到他在网上给大毛买的玩具到了，他把飞盘扔过去，大毛虽然不是很感兴趣，但还是勉强摇了摇尾巴……

大毛的变化一天一个样，它不再嚎叫，眼里也有了光。行为举止开始变得活泼，在柳权拿起牵引绳时，也会表现出兴奋。

而我关注更多的是柳权。在视频里，柳权更像是一个沉默的背景，他的镜头始终对着大毛，我能感受到的是，他似乎越来越愿意分享大毛的视频，拍得越来越多，发过来的也越来越多。

至少在柳权的生命里有了他真正在意的事物。这会令他有一些变化吗？我期待着。

下一次咨询的时候，柳权准时出现了，这一次我明显感觉到他干净多了，头发虽然没有剪，但是飘逸黑亮，明显是洗过了。

"我给大毛洗了个澡，自己也顺便洗了一个。"他感受到我的目光，解释道。

"你跟它一起洗的吗？"我好奇道。

"对，就在卫生间，本来只是想给它洗，结果它甩了我一身的水。"他脸上浮现出久违的笑容。

我想象着那个画面，不由得也笑了。

"你现在每天都去遛它吗？"

"是的，老师。它现在可黏我了，就连睡觉都要跑到我的卧室里。"柳权的笑容更灿烂了。

我长长舒了一口气，大毛不会死了，柳权也不会放弃生命了。柳权在救助大毛的同时，也救赎了自己，这两个孤独的生命彼此治愈，成了彼此的光。

我心里很明白，这只是个开始。

接下来对于柳权的长期咨询，我做好了准备。

他需要回看自己的原生家庭，了解今天他易放弃的应对模式从何而来；他还需要去寻找更多的优势资源，去增强自我价值感；他还需要学习表达爱与被爱，去探究自己在亲密关系中所需要承担的责任。

我提醒自己不要急，允许进度慢一些，再慢一些。

令我特别有信心的是，他不再单纯是一个受害者、一个被弃者，他已经开始去承担责任，去尝试成为可以点亮别人的光。

跳出受害者心态

> 我不想再继续假装自己是婚姻里的受害者,我也不想做一个只知道付出不知道索取的好人。我想做我自己,真实的自己。唯有如此,我才会幸福。
>
> ——来访者:刘敏(化名)

她付费来做咨询,却没有说自己的事,而是请求我去为她的丈夫做咨询,她觉得自己的丈夫为人处世有很大的问题,需要改变。

我耐心地对她解释说心理咨询的原则就是要本人自愿,本人如果认为自己不需要改变,那除了尊重,别无他法。

她听我这么说,并没有离去,而是无助地坐在座位上流下眼泪,嘴里喃喃地说着:"这可怎么办才好呀?"

我等她哭了一会儿才说道:"心理咨询还有一个原则,谁痛苦,谁咨询。"

"老师,我不明白。"

"你和你丈夫,我感觉是你比较痛苦。"

她哇的一声哭了出来,这一哭就是半个小时。

她叫刘敏，她所说的丈夫，其实是她的第三任。

她对自己说事不过三，因此刘敏对这一段婚姻格外地看重。用她的话说，她恨不得把心都掏出来给对方。她不仅努力工作，同时还承担大部分的家务。她的丈夫也是二婚，跟她在一起时带来了自己的女儿。她对这个女儿也格外用心，上下学接送，上辅导班选最好的，陪着做作业，物质上几乎是有求必应。她以为这样就可以换来一段安稳的婚姻，然而老公的所作所为都极其令人失望。

首先，这位丈夫懒惰、不做家务，自己的女儿也不怎么管，回到家就瘫坐在沙发上打游戏。其次，经济上非常算计。他们从在一起，大的花销基本上都是AA制；小的花销丈夫是能躲则躲，哪怕在餐厅吃个饭，到结账时老公都是借口上厕所就躲了。这些她都还能忍，但最近发生了一件事彻底伤了她的心。她无意中发现，丈夫背着她全款买了一套房，但跟自己完全没关系，因为房子落在他自己母亲的名下。

她突然意识到，付出了那么多，原来自己还是个外人。

"我怎么遇到了这样一个人！他要是这样下去，一点都不改变，我也就只有离婚这一条路了！"刘敏捂着哭红的双眼说道。

等她略微平静后，我让她说一说她的前两段婚姻。

前面两段婚姻其实也差不多，都是她在婚姻里倾尽全力，但仍然无法阻止婚姻走向终结。她的第一任丈夫、第二任丈夫，算上现在的第三任,三个男性有些共同的特点:懒散、自私、经济上算得特别清楚。

"我命不好,老师,我遇到的男性都不好。"

我默默地看着她,听起来她真的很令人同情。她只有一个简单朴素的心愿,就是希望自己的婚姻能够安稳,可就算她在每一次婚姻里付出了全力,却仍然一地鸡毛。但是我也在思考,为什么她一直遇到同一类型的男性?就好像是陷入同一个"轮回"里无法挣脱,这难道真的是她的命?在心理咨询里,命实际上就是潜意识。如果真是命,天命难违。而如果是潜意识,只要能觉知、看到,改变就已经开始了。我想陪着她去看看"轮回"背后的潜意识。

她在讲述自己现任丈夫时提到了一件事。她自己有一个铺面需要装修,对外找了一个包工头负责,收五千元的服务费,包工头帮她买材料、找工人。本来都已经谈得差不多了,她忽然想到丈夫平时也没什么事,何不让他来负责?这五千块钱何必给外人?

丈夫接受了她的建议。但整个装修的过程丈夫完全不上心,材料仍然是她去买的,工人也是她去找的。实际上丈夫只去过两次店铺,是在她忙得走不开的时候去开了个门,方便工人卸材料。

铺面装修好后，刘敏虽然满心不愉快，还是遵守承诺，转了五千块钱给丈夫。

款转过去很久，丈夫都没有点接收。

她看了好几次，丈夫都没收，于是发信息给丈夫提醒收款。在她的想象中，丈夫应该是不好意思收这个钱的。没有想到的是到了晚上，丈夫收下了钱款。

"老师，你能想象吗？哪怕就是普通朋友也不会这么做吧？我请朋友去帮我开个门，朋友难道还会收我五千块钱作为服务费吗？他却收了，连客气一下都没有！要知道我们可是睡在一张床上！是同床共枕的最亲密的人！"她咬着牙说，看来确实是气得不行。

这么听起来，这位丈夫确实未免贪婪了些。

然而我还是听出了一些端倪。

"五千元的服务费是你主动提出来给他的吗？"我问道。

"是啊。我是想着这个钱给谁不是给，与其给别人，为什么不给他？"刘敏沉浸在自己的愤怒里，气呼呼地说。

"后来，你有要求他帮你去买材料，找工人，做监管吗？"我继续问道。

"我提过一次，但他很懒，戳一下动一下，既然他不主动，我也就懒得喊他了。"

"那后来五千块钱是你主动给他的吗？还是说他跟你要的？"

"是我主动给的。虽然他什么也没做，但我觉得我还是要说话算话。"

"他并没有马上收，你为什么要催他？"我盯着她的眼睛问道。

"我怕他没看见。我想着给都给了，那就不要拖泥带水。他不仁，我不能不义。"

"哦，原来是这样。我听到你描述了一个过程：你把五千元钱转给他后，你会不停地去看他收没收，当你看到他没收时，你还会发信息去催他。我好奇的是，你为什么要催他，催他的时候，你在想什么？"

她张了张口，什么都没说出来。

停了停，我放慢语速，说道："我有一种奇怪的感觉，你希望他收下，你好像很怕他不收？"

她下意识地反驳："怎么可能？我就是恨他收我的钱！他就是那样一个人……"然后她的声音忽然停住了，她低下了头，茫然地发着呆。

"你能重新体会一下吗？当你看到他收了钱时，第一感觉是什么？"我紧盯着她问道。

"气愤。"她下意识地回答。

"对，气愤，这是一直都有的感觉。除了气愤还有什么感觉吗？"

她沉思着，过了很久才无力地答道："是那种，你看，果然被我猜中了的感觉。"

"气愤之余的如释重负？"我补充道。

她咬着唇，轻轻地点点了头。

她一直都希望她的丈夫收下这笔钱，从而满足她潜意识里的受害者心态：果然被我猜中了，他果然对不起我，我又被辜负了。

整件事情一直都是刘敏在主导节奏。一开始提出来给丈夫管理费的是她，再后来不要求丈夫去履行监管责任的也是她，主动把服务费打过去的还是她，催着对方收款的依然是她，看到丈夫收款气愤难平的还是她。因为她一定要做受害者，于是她的丈夫"配合"她做了坏人。

我不能说这位丈夫是毫无问题的，但是现在刘敏遇到的婚姻危机，很大程度来源于她的受害者心理。

在婚姻里做受害者有什么好处？

受害者等同于好人，她太热衷于在婚姻里做一个好人了。她承担家务、家庭花销，不要求对方在金钱上为她付出，照顾对方的女儿，为对方付出而不要求回报。她看上去是个好人，也是个受害者，在任何人眼中她都是经得起挑剔的那一个，是可以被同情的，她也用这样的付出站在了道德的制高点上。

其实在婚姻里愿意做受害者这种现象屡见不鲜。那种站在道德制高点上，自怜自怨的感觉是会上瘾的。

然而婚姻是个双人互动的过程，有受害者，就一定有一个加害者。如果其中一个人一定要做受害者，无论愿不愿意，对方只能承担加害者的角色，并且慢慢在这个角色里习惯。

我有一个业务往来的伙伴，她摔断了腿在家里静养。我去她家看她，她一见到我就跟我抱怨丈夫。她说丈夫很懒，甚至在她生病的时候也只知道看手机不肯帮忙，以至于她不得不拖着受伤的腿操持家务。我有一些惊讶，她的丈夫我也认识，感觉并不是那么冷漠的性格。然而这番话我猜她不只跟我一个人说过，因为这番话轻松出口，说得实在是太熟练了。

正说着话，她的丈夫回来了。见有客人在家里，又是认识的人，就很高兴，自告奋勇地说中午愿意为我们做一条鱼。

不一会儿厨房里响起了放水的声音，我笑着对她说："你看，人家明明是会做的嘛。"

我话音还没落，就注意到她皱着眉头倾听着厨房的声音，自言自语道："怎么水放得这么大？"

我还没来得及说话，她已经一瘸一拐地站了起来，蹦跶到厨房门口说:"水开小一点,都溅出来了。"

老公并没有回答,但水声关小了。

她跛着一只脚站在厨房门口嘱咐:"杀鱼要趁鱼还活着时杀。"

老公一边弄一边敷衍着回答:"知道,知道。"

她似乎也意识到了老公的不高兴,迟疑地说:"我想说,我又怕你不高兴。"

老公的声音粗了起来:"那你就别说!你回客厅等着吃不行吗?你去陪一下客人不行吗?"

她仍然站在厨房门口小声地挑剔着:"你看你这姜丝,其实可以切得细一点,葱切段要斜着切……"

"有什么关系?粗点细点会怎么样?"她老公很不耐烦地打断了她的万千叮咛。

她局促地回头看了我一眼,眼里全是委屈,忍耐地说:"好好好,蒸鱼时千万不要用老抽,用生抽会……"

厨房里哐的一声,是锅铲扔在灶上的声音。接着她老公怒气冲冲一边解围裙一边走出厨房:"你这么会,你来做好了!"

走时还撞了她一下,撞得她一个趔趄,用手扶住了门框才没有摔倒。

老公头也不回地走出门去,她站在厨房门口哭了起来:"我说什么啦?我哪一句说错了?一句都不能说啊?一句不对摔门就走！从来都是这样，我摔了腿，他一顿饭都没做过！"

然后，她流着泪、跛着脚，在厨房把那条鱼做了。

我没有去帮她。我觉得她不需要帮忙，她甚至很享受那种自怜自疼的感觉。

刘敏在三段婚姻里都是这样的应对模式，她要做好人，对方就得做坏人。她越来越好，越来越隐忍，越来越付出，对方就只能越来越坏。时间一长，她在婚姻中坚持做一个好人、一个受害者带来的道德上的清白感对于任何一个男性来说都是巨大的压迫。于是，爱就慢慢地消失了，这个男人做了刘敏预想的故事中最坏的一件事——消失在她的生活里，留下她一个人。而她继续扮演受害者，心里默默地念叨："你看，我付出了这么多，他却这么对我！"

从这个角度来说，她和伴侣确实是对好搭档。他们合谋，制造了他们婚姻里的各种问题。

我对刘敏说，她不需要去做一个无条件地付出的好人，凡事只问自己想或不想，遵从自己的真实想法。

我给她布置了一个作业，一周之内，要带着觉察去做事情，一旦觉察到自己做的事情是令自己不愉快的就要停下来。允许自己不做。

下周刘敏来时，跟我反馈了她这一周的心得。

不知道从什么时候起,接送丈夫的女儿去学校成了刘敏的事,每一天刘敏早早出门时,丈夫还在呼呼大睡。刘敏对此一直很不爽。

她决定就从这件事开始。

前一天晚上,刘敏就对丈夫说,希望丈夫第二天起早一点送女儿去上学。

丈夫问刘敏:"你是有什么事情吗?"

刘敏开始解释,她一大早还要去铺面上。

丈夫说:"铺面晚一点去也是可以的呀。"

刘敏于是又开始解释为什么不可以晚一点去铺面。解释到一半,她不再说话。她觉察到了自己内心的感受:愤怒,委屈,烦躁——我一定要找一个合理的理由才可以不去送孩子吗?难道我不可以休息一下吗?

于是,她平静下来,对丈夫说:"你说得对,去铺面我晚一点也可以的。不过,明天你送女儿,我累了,我想多睡一会儿。"

丈夫似乎有一些惊讶,这是刘敏第一次不找任何理由,就只是单纯地表达自己不想做某件事。

出乎刘敏意料的是他再没说其他的话,答应了下来。

"然后呢?"我问道,看刘敏的表情就知道事情并不是很顺利。

"老师,孩子最终还是我送的。"果然,刘敏苦笑道。

第二天一早，闹钟响了。刘敏醒了，睁着眼睛听着丈夫的动静。听呼吸丈夫似乎是醒了，但并没有动，仍然还躺着。刘敏等了一会儿，实在是等不了，于是她抬手戳了戳丈夫的背。

丈夫哼了一声，不动。

她使劲推了推丈夫，直到把他推醒。

丈夫很不耐烦地嘟哝着："你这不是醒了吗？我还没醒呢，你就送一下呗。"

刘敏气坏了，眼看着时间就要来不及了，刘敏只好爬了起来，一边满心委屈和怨恨，一边去给孩子做早餐。

"老师，你看，他就是这样一个人！我有什么办法。"刘敏说道。

我沉默了一会儿，问道："如果你不起来，会怎么样呢？"

"他真的就会不起来！"

"那么在认识你之前，这个孩子的接送是谁来完成的？"我问道。

刘敏愣了一下："是……他自己。"

"所以，在认识你之后，如果你不接送孩子，这个孩子就会失学？"我尖锐地问道。

"倒是也不会……不是，老师，他这人就是这样！有我做，他就依赖呗，自己就不想做了。"

"说得好，因为有你做，他就不用做了。你这么能干，又那么愿意付出，样样都做，他当然就不用做了。"我停了停，说道，"那么如果你不做呢？"

刘敏愣住了。

"你有相信过他吗？相信他是一个成年人，能照顾好自己的女儿，可以承担一个成年人能够承担的责任和义务？"

"我信的吧……"刘敏迟疑着。

"我没有听到相信。你虽然向他提出了要求，可是你内心里面并不相信他可以做到。你有一个预设是，他肯定起不来。所以你醒得比他还早，在他还没有动静的时候，你已经开始拍他了。如果说你的不信任我能感受到，他也一定感受得到。反正你会负责的，他就不会负责了。"

"那老师，我要怎么办？"刘敏要哭了。

"停止付出，你也可以懒，也可以不那么好。然后，放手，相信他。"

"那如果他就是起不来，耽误了送女儿，怎么办？"

"那让他承担责任，迟到了女儿会哭，老师会责备，让他去承担去面对。你做好自己的事情，不用介入。这其实也是信任。信他这次不好，下次会更好。"

我再一次给刘敏布置了新的作业。这周她仍然还是要带着觉察去做事情。觉察到不愉快的感受时，除了停下来之外，还要做一些尝试，看看怎么做才会让自己更愉悦。

一周之后，刘敏来到咨询室。她告诉我这周都是丈夫在送孩子。

咨询回去之后，她告诉老公自己睡眠不好，很累，接下来一周她都要多休息。让老公自己送孩子，然后她把被子搬进了客房，还给自己准备了眼罩、耳塞，把闹钟拿出来放到客厅里。

"医生说了，我必须不被打扰地好好睡几觉。"她宣布说，到底还是给自己的行为找了个理由。但效果很好，她传递给老公的态度是，这一次天塌下来我也不管了。

第二天孩子上课迟到了。父女二人在客厅里一通折腾，尤其是父亲，故意把声音放得很大，还不停地斥责着女儿，女儿哭了，声音也很大："我不要你送，我要刘姨送！"

"闭嘴！你刘姨在睡觉。"

巨大的内疚伴随着焦躁袭上心来，如果是以前刘敏就会按捺不住自己，起身走出去。但这一次，她停住了。她清楚自己如果出去帮了这个忙，她又会回到以往的模式。她告诉自己，要信他，他是成年人了。然后刘敏拿起耳塞塞进自己的耳朵里，翻了个身继续睡觉。

第三天，孩子上课又迟到了。晚上孩子回家哭着对她说："刘姨，以后还是你送我吧。"刘敏摸了摸她的头说："宝贝，刘姨太累了，需要休息。爸爸做得很好的，今天不是比昨天早多了吗？明天肯定就不会迟到了。"

丈夫低着头划着手机,没出声。

接下来第四天,果然没有再迟到。

第五天,刘敏醒来时,外面一片寂静,她走出客房,父女二人不知何时已经出门了。桌子上还放了一份牛奶和面包,明显是留给她的。

"我以前可没有过这待遇,唉……"刘敏叹了长长一口气。

刘敏讲述着,我仔细地观察着她的表情。事情的发展朝着她期待的方向进行。但有意思的是我并没有看出她愉悦,甚至她最后的那一声"唉",怎么听都是一声叹息。

"所以呢?你的感受是?"

"还挺好的,唉……"刘敏说道,又是一声叹息。

"还挺好的意思是?"

"就是挺好的呀,老师。"她答道,但脸上的表情确实也看不出来有多开心。

"我不太确定,我似乎还听到了一些失落……会有一些失落吗?"我小心翼翼地问道。

刘敏僵住了,她咬着唇,沉默了。终于她点了点头:"是的,老师,我觉得好像他们也没有那么需要我。"

失落,来自不被需要的重要感。

做一个只知道付出的好人、受害者当然会很累,可是重要

chapter 4
跳出受害者心态

感、优越感、道德上的清白感也是会上瘾的。

像过去一周她所经历的，别人在客厅里一通忙乱，而她却在床上呼呼大睡。这是她从来都没有过的体验，这怎么能是她做出来的事？在大家眼里，她一直都那么好，那么重要。

当对方开始负责起来，好起来，她就没办法继续去做一个受害者，做一个好人了。

意识到自己的受害者心态，刘敏哭了，哭完了以后，她下定决心要终结这个恶性循环。否则就算她再离婚、结婚，重新开始一段新的关系，也只是在吸引一个新的加害者。她会遇到同一种类型的男性，遭遇同样类型的问题。

我们约定了新的咨询目标。在接下来的日子里，刘敏会继续保持觉知做事情。不仅觉察自己在做事情中的各种感受，也觉察自己是否又陷入了受害者的心态里。当发现自己开始无意识地去做好人时，她需要提醒自己：我要允许自己不好，我不一定要做无条件地付出的好人，做一个受害者。

我深知这个咨询的不容易。一边做好人，一边责怪着那些不够好的人，刘敏太迷恋做一个好人的优越感了。这几乎是她长在骨子里的应对模式。

所以到底要不要改变呢？放弃做一个受害者、一个好人的重要感、优越感，还是去活出真实的自己？决定权其实从来都在刘敏的手里。

爱你，

不是把我认为的爱给你，
而是把你想要的爱给你。

付出不叫爱，
收得到的爱才是爱……

我在人群中
好孤独

chapter 5
收得到的爱才是爱

在错误中成长

> 我做得好他们才爱我，我做得不好他们就不爱我。我必须要不犯错才能得到他们的爱……
>
> ——来访者：周勇（化名）

周勇是个单身父亲，跟妻子离婚后，他一个人带着孩子。暑假刚开始的时候，他带着十六岁的儿子小勇（化名）来做咨询。

小勇睡眠不好。近两三年的时间，他每晚都要在床上辗转一两个小时才能入睡，压力大的时候，他甚至能翻腾整整一夜。

在交流过程中我注意到，坐在小勇旁边的周勇睡眠应该也不太好。他眼睑下的眼袋厚重，呈青黑色，整张脸有些浮肿，呈现出缺乏睡眠的困倦。

我问周勇："你的睡眠如何？"

他连连摆手："我没问题。老师，你多跟孩子聊聊。"

后来我才知道，毕业于一流大学的他这么说，并不是因为我看错了，而是他不愿承认自己也有失眠的问题，也有困境需要应对。

很快，在咨询的过程中我就看出了一些端倪。

十六岁的小勇个子已经很高了，但言行举止间却还有着与年龄不相符的稚气。举手投足总有些不太确定的迟疑，经常要转头去看周勇的脸色。

进门的时候，小勇跟在周勇的后面，微笑着跟我点头，当作打招呼。但是周勇没有看到，他转回头严肃地对小勇说："跟老师打招呼，要有礼貌。"小勇的脸上掠过一丝无奈，他并没有解释，乖乖地重新和我打招呼："老师好。"他的反应让我觉得这是一个听话的小学生。

坐下后，周勇常常会去拍一下小勇的背提醒他坐直，小勇总是受惊一般地直起背来，过不了一会儿又缩了下去。

我问周勇："在你的眼里，小勇有多大？"

周勇答道："老师，你别看他个子挺高，很多时候都天真得很，什么都做不好。我感觉他也就十岁左右的样子。"

同样的问题，在单独问询小勇的时候我也问过："小勇，你觉得在你父亲眼里，你有多大？"

小勇答得跟父亲十分一致："十岁左右吧。他就把我当个孩子看。"

"那么，你自己觉得自己有多大？"我又问。

小勇沉默了好久，才低声答道："十岁左右吧。"

如果我没有看错，在他麻木的眼底掠过了一丝深不见底的悲伤。

我等了一会儿（让他在那个情绪里酝酿了一下），又继续问他："那么小勇，你希望自己是几岁？"

这一次，小勇没有回答我，他抬起眼睛看着我，嘴唇嗫嚅着，挣扎了几次，都没有说出什么话来。

如果一个十六岁的孩子被当成十岁的孩子养，他的自我一直被压抑着长不起来，他不失眠才怪。

小勇所有的一切都被周勇控制着。学什么兴趣班、看什么课外书，生活中穿衣、发型也有要求，甚至吃什么食物也会管束……

"我一吃炸鸡就会嗓子疼。"小勇对我说。

他说的是中考结束，父亲难得允许他和小伙伴们聚在一起，同学们提议去吃炸鸡，小勇放开吃了一顿，结果回家后嗓子疼了三天，父亲也念叨了他三天：你看，你不听我的，结果怎么样吧？

我听完后问他："那你喜欢吃炸鸡吗？"

小勇答得很快："喜欢啊，但是不能吃。我爸说得对，这些食物不好。"

我听到孩子理所当然的回答后沉默了一会儿，问道："小勇，在你印象里，你有过跟父亲意见不统一的时候吗？"

小勇歪着头思索了一下，眉头紧皱，最终还是摇了摇头。

我又难过又骇然,这个男孩已经十六岁了,但在大脑里竟然没有为自己做决定的记忆。

我跟周勇沟通,希望他可以放一放手,让小勇也能尝试着为自己做决定。

周勇频频点头,答应得特别好,他说:"老师,你放心,我也是这么想的,我总归要走在他前面的,他必须要学会独立了!"

一个星期后,又到了咨询的时间。父子俩一进门我就感觉氛围不对,小勇垂着头,满脸的委屈;而周勇竭力地让自己表情平静,但仍然隐藏不住眼角的怒意。

原来,上一次离开咨询室后,周勇想到我的话,特意交代小勇:"你记清来咨询室的路,下一次你带路。"

小勇很爽快地答应了,回家的路上很用心地记着路线。

结果不知道是因为隔了一个星期还是因为紧张,这次来时,小勇记错了一个岔路口。

"明明交代得那么清楚,我一下就生气了,这个孩子不上心啊!"周勇一边说一边余怒未消地瞪着旁边垂着头的小勇。

"然后呢?"我问周勇。

"然后,我就批评了他几句,带着他过来啦。对,老师,我承认我不冷静,但我确实是太生气了。当时我就问他,你到底还能做什么？就这么一点小事，你都做不好！当时你答应得那么爽快，说话不算话吗？"父亲失望地瞥了一眼小勇，"他这个做事的态度啊，根本就靠不住。"

小勇垂着头，一句话都不说。

我转过脸，问小勇："小勇，老师想问问你，发生了今天这样的事，今后你还会想要带路吗？"

小勇默默地摇了摇头，他如同一个十岁的小男孩，眼里含满了委屈的泪水。

"你看你这态度！怎么就不带了呢，改了不就好了？"周勇气不打一处来，怒气从眼角蔓延到眉毛中间。

"改了就好，说得对。"我看向父亲，"我也想问一下您，今天如果跟着小勇走错了路，会怎么样？"

父亲愣了一下："呃，会到不了咨询室。"

"您确定？"我再问，"我的意思是，如果今天是小勇一个人来，他就到不了咨询室？"

父亲迟疑了，他看了看小勇，声音低了下去："那倒也不会，他应该也会问问人。"

"您看，您也是知道的，小勇是有走到咨询室的能力的。我相信当他发现走错了，他就会调整方向，再不然，他也会问问别人。"我直视着周勇，直接问了出来："所以，您为什么不能多给他一些时间？是不相信他有自我调整的能力？还是您不能忍受他犯一点点错？"

周勇的教育方式和他的成长经历有关系。

周勇的父亲曾经是军人，母亲是教师。在他之上，还有两个哥哥。提起他们家的教育，在整个县城里都是有名的。

父亲把部队的标准规则带到家里来教育孩子，起床的时间、吃饭的仪态、睡觉的快慢、成绩的好坏，各个方面全部量化。当日考核，做得最差的就没有晚餐吃，所以家里永远有一个孩子是在饥饿中入睡的。周勇年纪最小，很多时候做得不够好，但从来没有因为自己年龄小就幸免于难，他常常就是在饥饿中入睡的那一个。

他记得小时候，无数次自己在饥饿中睡不着的时候，某一个哥哥会悄悄塞给他一点偷藏起来的食物，抚摸着他的脸，擦去他脸上的眼泪，对他说："记着，明天不要犯错，做得再好一点。这样就可以吃晚饭了。"

不要犯错，做得再好一点。这就像魔咒一样，跟随着周勇，一直到他成人。

他们家的三个男孩，一个进了军校，另一个和周勇一样考取了一流大学。当时这是整个县城的神话，也给家庭带来了无上的荣耀。

"你和父母关系怎么样？"我小心地问他。

周勇没有直接回答。他对父母的情感非常复杂，一方面他认为父母的教育成就了自己，帮助自己考上了大学，他没法不感谢他们；但另一方面，成长中如影随形的饥饿总令他怀疑父母的爱，让他也没法跟他们亲近。

"你的哥哥们呢？他们和父母的关系怎么样？"我再问。

周勇脸上浮起了苦笑，给我讲了一件往事。两年前，兄弟三人回县城，为老父亲举办了一个盛大的生日宴会。席间，所有的来宾都称赞老父亲教子有方，艳羡他们家的荣耀。而席后，喝多了的大哥、二哥号啕大哭，哭诉当年在家里遭受的委屈，兄弟两个都曾经历过抑郁症的困扰，大哥尤甚，自杀过两次，而周勇则饱受多年的睡眠障碍。兄弟三人的婚姻都是破碎的，无一完好。

我们每个人都渴望得到无条件的爱，这是本能。

如果有那么一个人，不论我美丽丑陋、贫穷富有，不论我做得好与不好都能爱我，我就能感受到这个世界的友善，感受到人间值得。

而他们家三兄弟欠缺的就是这样无条件的爱。

"我做得好他们才爱我。我做得不好他们就不爱我，我必须要不犯错才能得到他们的爱。"这样的信念一直扎根在三兄弟的潜意识里，影响着他们的生命和信念。

尽管后来老父亲解释说当时都是为了他们好，但是饥饿的感受太真实了，任何解释在饥饿面前，都会变得苍白。

正因为这样的经历在不断地影响周勇的认知和判断，他才没办法忍受孩子在成长过程中的一丁点过错。他同样也是这么对妻子的，不同的是妻子可以逃，孩子逃不了。

所以当他看到孩子做得不好时，他就会立刻去纠正他，他总是把自己认为正确的理念灌输到孩子的头脑里，把自己认为正确的做法强加给孩子。

小勇不是没有反抗过，但令人悲伤的是，每一次孩子的反抗都以失败而告终，而且他还沮丧地发现，父亲说的是对的。慢慢地小勇不再反抗了，也不再有不同的意见，他承认了父亲永远正确，他只要乖乖听话服从就好了。

于是，他不再是一个十六岁的大孩子，他退回到了十岁的状态。

他服从着父亲的控制，但生命要成长的本能却又在潜意识里真实地存在着——我们每个生命的本能就是要活出自己独有的样子。

顺从还是成长？两种力量不停对抗，变成了孩子难以言说的焦虑，令他夜夜难眠。

意识到问题后，咨询的重点转到了周勇这里。我们探讨出来的咨询的目标是周勇可以放下焦虑，放手让孩子自己做决定。

接下来周勇定期来做咨询，在咨询中，没有更多的技巧，更多是陪伴与倾听，我们用了很长时间去回顾他的原生家庭。

征得他的同意后，我们使用了催眠，在放松后的恍惚中一次又一次帮助他回到童年，去与童年的自己和解，去安慰、拥抱那个在饥饿中睡去的小男孩。一次又一次告诉那个饥饿的小孩，他可以做得不好、可以做错。就算他做得不好，他也可以得到这个世界上真挚的爱。

这样，他才会放下他的焦虑。放手让小勇去尝试，允许小勇做错、做得不好。在每一次小勇做错的时候，他都能相信这其实是儿子一个很好的成长机会，借着错误，小勇可以去调整自己的行为模式，去寻找平衡，去掌握解决问题的能力。

毕竟成长怎么能离开犯错？

慢慢地咨询的效果从周勇的睡眠中体现了出来，周勇的睡眠改善了。而神奇的是，当周勇的睡眠好起来后，小勇的睡眠也有了改善。

这个咨询有一个特别温暖的结尾。

半年咨询结束时恰逢暑假，父子俩决定去西安看古城墙和兵马俑。周勇让小勇提前做攻略，订机票和酒店，整个过程，他完全没有插手。

开始的时候一切都进行得特别顺利,住宿、玩乐都特别好,看得出来小勇很用心。

直到最后那天,两个人赶到机场,换登机牌时才发现,小勇订错机票了,把时间订成了第二天的。

当时,小勇的脸都白了,他不相信父亲能接受这么大的一个错误。如果按照周勇过去的处事模式,小勇难以想象父亲会怎样对待自己。

确实有那么一瞬间,周勇几乎就要骂出来,这么低级的错误怎么可以发生?但毕竟,这半年的咨询是有用的,看到儿子害怕内疚的表情,他冷静了下来。

他拍了拍儿子的肩膀,笑道:"天意!我本来就有点遗憾,古城的庙会我们还没看,不如我们今晚去看看?"然后他拽着儿子走出了大厅,径直上了入城的大巴车,整个过程他尽量保持着平静。

儿子沉默着,一句话都没有说。

在他说完一个笑话的时候,突然儿子用头拱了一下他的肩膀,这是多少年来他们父子之间都未曾有过的亲昵动作。

他疑惑地低下头,儿子充满感激地看着他,轻声对他说:"老爸,谢谢你,我一会儿就重新订机票,这一次我绝对不会错了。"

他一把搂住儿子的肩,他意识到,孩子真的在长大。

与内疚和解

> 不管我怎么回避,那个内疚一直在,就好像是房间里的大象,我不能装作它不存在。它几乎就要吞噬我……
>
> ——来访者:紫菱(化名)

紫菱近期的状态实在是糟糕透了,情绪不定,容易哭泣,失眠易怒。

她打电话跟我预约咨询,我问她还是因为母亲吗?她就在电话里哭了起来。她说:"老师,会不会我妈说的是对的?男人没有一个好东西?"

算算时间,距上次她来做咨询,刚好一年。

上次她来,是为了梳理她自己与母亲的关系。

那时,她正在热恋中。正逢"五一"长假,她和男朋友约定好去海南旅行。回家告诉母亲后,母亲很高兴,开开心心地收拾行李。她意识到母亲误会了,毕竟在没有恋爱之前,每个长假紫菱都是和母亲一起去度假的。她没有勇气跟母亲解释,只好去哄男朋友,让男朋友不要介意。

好不容易哄得男朋友同意三人一起出游,但这段旅程十分不愉快。在旅游中，母亲说在外地不安全，一定要跟紫菱住一间房。遇到这种情况，男朋友倒是通情达理起来，对她说："这次咱们就先把老人照顾好，以后日子还长，还怕没有二人世界的机会？"

她很感动，觉得男朋友还挺有包容心的。可是从海南回来以后，母亲戴着老花镜，拿出一个笔记本，上面记录了一百多条男朋友的种种"恶行"，郑重其事地一条一条说给紫菱听，建议紫菱和男朋友分手。

比如，一起吃饭的时候，男朋友随手把碗递给紫菱，让紫菱帮忙盛一碗饭。母亲记录下来这一举动，认定男朋友不会照顾紫菱，认定他没有责任感。再比如，有一次母亲在楼梯口遇到男朋友，男朋友正在抽烟。看到母亲他并没有马上把烟灭掉来帮母亲拎东西，而是等烟抽完后才走过来。母亲据此推测男朋友对老人不尊重，她认为男朋友是现在碍于还没结婚才给她一点面子，以后肯定不会对她好。

母亲这样的行为，紫菱并不陌生。她的前任、前前任，都被母亲这样挑剔过。在母亲眼里，没有一个男人是好的，没有一个男人配得上紫菱。

记得紫菱和前任分手时很伤心，母亲却如释重负，安慰她说："这个男的又小气又没出息，现在分手是你的幸运。结婚就是要挑的，千万不能随意。你看你妈，一凑合就误了一辈子。我可不能让你走我走过的路,吃我曾经吃过的苦。"

母亲年轻的时候很漂亮,性格骄傲强势,挑来挑去总是遇不到满意的人。不知不觉年龄大了,经人介绍认识了父亲,很快就结了婚。婚后两人性格不合,紫菱不到一岁时,母亲就发现父亲跟单位里一个女同事关系暧昧,坚决要求离婚。离婚后,母亲一个人把紫菱带大,在这期间,父亲也想来看紫菱,母亲却坚决不同意。后来父亲再婚,又生了个孩子,从此跟紫菱就成了陌路人。

"因为这个原因,我妈对男性都有成见,所以难免挑剔。可是老师,我现在是真的很想结婚,现在的这个男朋友其实对我挺好的,人也比较厚道。最重要的是,就我妈那样挑剔、苛刻,他还没有被我妈吓跑。

"老师,我想问问,我怎么做才能让她接受我的男朋友。我实在是太痛苦了,现在我和我妈几乎每天都要为我的男朋友争执,她举出很多例子来说明我的男朋友不好,我又举出很多例子来说明我的男朋友不错。然后她就开始哭,说她都是为了我,说我完全不理解她的一番苦心。老师你不知道,她甚至跟我说,如果我一定要结婚,她就不出席我的婚礼。"

这个情况听起来确实令人后背发凉,母亲对女儿如此强烈的控制欲到底是因何而起?

我问紫菱:"你有没有想过她为什么不能接受你的男朋友?"

"她说他不体贴人、不懂得尊重长辈、事业不够稳定、赚的钱不够多……"

"那么紫菱,如果,你的男朋友完全满足她的要求,她是不是就能接受他?"我问道。

紫菱怔住了。

"紫菱,这个问题很重要,你可以认真地想一想。你还记得母亲是如何挑剔你前任的吗?没有人是完美的。你知道,她其实也知道,那么她为什么要如此挑剔?来,我们做个假设,如果真的出现了一个完美先生,她就能接受了吗?"

紫菱下意识地摇了摇头,脸上出现了恍然的神情:"不,再完美的男性她都不会接受的。"

"是,挑剔的背后其实就是不接受。那么你能想想吗?她为什么不接受,不接受的背后是什么?"

"恐惧!"紫菱脱口而出,"她害怕失去我!"

母亲不接受的并不是女儿的男朋友本身,而是女儿即将离开她的现实。

人类的成长自母体孕育开始,就是一个不断与母体分离的过程。

出生即是分离。然后慢慢长大。

每个孩子都要经历与母亲分离的疼痛去成为他自己。但凡分离必然疼痛，在这个过程中，母亲和孩子都需要面对分离焦虑。而这样的分离虽疼痛却充满着希望与新生，这意味着一个孩子可以成熟，独立做自己。

我们都是这样长大的。

而紫菱，因为家庭情况的特殊性，她与母亲的分离并没有完成。甚至从某种意义上来说，她和母亲仍然是共生的关系，生理上的脐带在出生时剪断了，而心理上的脐带仍然连接着她们彼此。

在母亲的建议下，紫菱读的是本地的大学；工作也是在母亲的建议下选了一个离家很近的单位，所以她工作多年，一直都和母亲住在一起，每天下班都会准时回家。而母亲的生活也一直以紫菱为中心来运转，紫菱爱吃什么、喜欢什么，母亲都会一一帮她备好。每年的"五一""十一"长假，母女二人总是一起去旅游度假，她们互相成为彼此世界中的重心。这不仅仅是母亲的需求，其实也是紫菱的需求。她们都在这样共生的模式中体会到对方炽热的情感。

这样的共生关系，是亲密也是束缚，这意味着她们都很难成为自己。而作为更年轻更有活力的生命，能够成为自己几乎是紫菱本能的需求。紫菱开始渴望逃离。恋爱，与另一个男性建立亲密关系，是她可以挣脱母亲，成为自己的最好方式。

chapter 5
收得到的爱才是爱

而母亲本能地嗅出了危险，她对女儿恋爱的反对来自恐惧。意识里她希望女儿幸福，能够找到意中人；而潜意识里，女儿的离去对她来说是完全的丧失。她拒绝女儿离开的要求，想要消灭她开始新生活的可能性。

所以中间紫菱有过恋爱，短暂地改变过母女之家的运转模式，但很快随着母亲的反对和紫菱的不坚定，又再一次恢复了母女共生的模式。

如果紫菱意识不到这一点，她和母亲的共生模式会一直在纠缠痛苦的爱与束缚中持续下去。

那一次的咨询，令紫菱下定了决心。她想要成为自己，过自己的生活。

于是她试图去划清与母亲的界限。

她和母亲进行了一次深度沟通。她告诉母亲她很爱她，承诺以后会照顾母亲，同时诚恳地告诉母亲自己对男朋友的感情，和自己对新生活的向往。

"妈，我承认他确实有很多缺点，可是我也有很多缺点啊。妈，我很爱他，我一定要跟他在一起，不管结果怎么样，我都会去勇敢面对。"

母亲沉默了很久，终于开了口，但并不是祝福。母亲恨恨地说："我跟你说他不是个好东西，你不信，你就等着后悔去吧！"

婚礼有条不紊地开始准备，而母亲置身事外，不闻不问。直到婚礼前一天，紫菱都还在担心母亲真的会像一开始她所表达的那样不来参加婚礼。

婚礼当天，紫菱兴奋地给我打了一个电话，她在电话里说："老师，现在我是最幸福的人了，我妈来参加我的婚礼了！我最在乎的两个人都在我旁边，我太开心了。"

我一面替她开心，也一面有些担心，以她们母女关系的纠缠，事情会这么简单地结束吗？

所以，紫菱时隔一年再一次预约咨询，似乎也在我的预料之中。但我没有预料到的是，这次她来，并不是因为母亲，而是因为老公。

结婚之后，和丈夫近距离地相处后，衣食住行、生活琐碎，很快紫菱就发现婚姻并不如想象中那么美好。她很快感受到老公的各种缺点：不是很会关心人、不太懂人情世故、没有太强的上进心。

争吵变得多了起来。有一天，两个人大吵，先生脱口而出："你看看你现在的样子吧，那个挑剔的劲儿，跟你妈一模一样！"

这句话深深地刺痛了紫菱，她对母亲的挑剔行为一直深恶痛绝，她怎么能像母亲？又怎么会像母亲？她已经很努力地不要像母亲了！

而另一个可怕的想法也涌上心头，莫不是母亲说的是对的？

chapter 5
收得到的爱才是爱

这个男人就是靠不住，自己嫁给他其实是个错误？

她第一次有了离婚的想法。她被这个想法吓坏了，于是打电话跟我预约咨询。

我默默地听着。

"不是很会关心人、不太懂人情世故、没有太大的上进心……"紫菱对老公的评价如此熟悉，一下就让我想到她母亲那个记录一百条分手理由的笔记本。

"紫菱，你能说说你母亲的情况吗？"我问道。

"这也是让我头痛的事，只不过比起老公来，她的事倒是没那么迫切。"紫菱答道。

原来，在紫菱结婚以后，母亲一反常态，再也不说女婿一句不好。她甚至还拒绝了女儿、女婿邀请她住在一起的要求。

"年轻人有年轻人的生活，我就不掺和了。你们自己过，不用管我。"她落寞地说。

紫菱也没有太坚持，她知道以母亲的性格，住在一起，必然会有很多矛盾。想想母亲的身体还很健康，照顾自己完全没问题，她也就同意了。

接着，母亲忽然搬离了原来的房子，住进一个只有一个房间的小房子，把原来的房子租了出去。一出一进，多出来了两万块钱的房租，母亲二话不说打到了紫菱的卡上，说是年轻人花销大，得攒点钱。

而她新租的房子，紫菱每次去都特别难过。只有一个房间就算了，屋子还又黑又潮，散发着一股霉味。紫菱想说服母亲搬出来，母亲坚决不同意。

母亲说自己老了、没用了，不能为女儿多做点贡献，一个人住那么大的房子干吗？有个睡觉的地方不就行了？这也是她唯一能为紫菱做的事了。

紫菱哭着求她，说自己经济挺宽裕的，不需要她这么牺牲，求她搬去跟自己一起住。母亲摇着头拒绝，说："你大了，有人照顾你了，你也不需要我了，你们小两口幸幸福福地过，我一个老太太，吃用都不多，住这里挺好。"

这话扎心，紫菱流着泪扑通一声跪在了地上。而母亲执拗地摇着头，就是不同意。

"老师，你说我妈她到底为了啥？我工作不错，我先生在学校里当老师，生活能差到哪儿去？谁需要她那点房租？"紫菱擦着眼泪说。

我想了想，问道："紫菱，你看到母亲住在那样一个环境里，是什么感受？"

"内疚吧，格外地内疚，感觉她过得这么不好都是因为我。"

内疚，这就对了，母亲要的就是这个。这是她在绝望之中最后挽留紫菱的方式。

母亲这样的行为，是对自我的攻击，也是对紫菱的攻击。目的都是用自己的付出和悲惨来让紫菱产生内疚感。你看，都是因为你要跟那个男性在一起，我才过得这么糟糕！

"除了内疚，还有其他的感受吗？"

"愤怒吧，我特别生气，气她怎么这么执拗，好赖话都听不进去。"

"这个愤怒只是对她的吗？这个问题很重要，你需要仔细感受一下再回答我。"我用很慢的语速再一次重复我的问题，"这个愤怒只是对她的吗？"

紫菱想了想，答道："我也很生自己的气。"

我沉默地看着她，让她感受的时间再长一些。

她迟疑着："还有对先生的？"

我没有说话。紫菱思忖着，肯定道："是的，对先生的。我心里也暗暗生他的气，我妈现在过得这么不好，还不是因为我选择要跟你，结果你看，你也就是这个样子，根本不值得。"

"紫菱，你有没有发现，你刚才对先生的评价，很像你母亲当初对他的评价？"我提醒道。

"是的老师，我也是这种感觉，我妈对他的评价全都变成现实了。所以我才会想，果然被我妈说中了，他真的不值得托付！"

"所以，当你做出这样的评价的时候，你到底是你，还是你的母亲？"我尖刻地问道。

紫菱的脸色变了，她脸上出现了难以想象的神色。

与母亲的共生，令紫菱窒息。而当撕开了束缚的壳，挣脱出去，留下母亲一个人在茧里，她又充满了内疚。而母亲的自我攻击，明显加重了她的内疚。她不仅怨恨自己，也怨恨先生，她带着母亲的挑剔去看对方：你让我背弃了母亲，你就应该接近完美，值得我背弃，不然我图的是什么？

她用对母亲挑剔的认同，去完成了对母亲的某种忠诚。她先生的直觉是对的，当她挑剔自己的时候，她确实跟母亲是一样的。或者说在那一刻，她化身为母亲。

不管她怎么回避，那个对母亲的内疚一直在，就好像是房间里的大象，她无法装作它不存在。如果紫菱不能看到这份内疚，与这个内疚和解，她必然会被这样强烈的内疚牵着走，直至毁灭。

紫菱在看到这份内疚之后，捂着脸哭了很久很久。

她跟我说起了她隐藏在内心的一件往事。

那一年她八岁，母亲经人介绍认识了一个叔叔。母亲似乎对这个叔叔很满意，很快那个叔叔上门来吃饭，还给紫菱带了一个漂亮的娃娃。

紫菱抱着那个娃娃，一根一根拔下它美丽的金发，然后用剪刀剪破了娃娃的裙子，又用黑笔把娃娃的脸涂得乌黑，还弄坏了娃娃的一条胳膊。

母亲一声一声叫着："紫菱，快来吃饭了，你叔叔做了糖醋鱼！"声音格外地清脆甜蜜。

紫菱抱着娃娃坐了过去，一言不发，把娃娃重重地放在饭桌上。

母亲吓得短促地叫了一声，而那个叔叔围着围裙，端着糖醋鱼正走出厨房，紫菱看着他的笑容突兀地凝固在脸上。

此后，紫菱再也没有见过那个叔叔。母亲唯一的一次恋爱就这么无声无息地结束了。

一切都清楚了。紫菱这样强烈地内疚是因为，母亲曾经有机会去探寻外面的世界，建立一种相对健康的亲密关系，而紫菱破坏了这样的机会，她把母亲拽了回来，让母亲留在了这样互为彼此的共生关系里。而在她长大了之后，她自己却努力想要挣脱这样的共生关系。

我对紫菱说她和母亲都需要成为自己。她的未来还长，而母亲的人生也并没有到头，她们都还有机会跳出二人世界，去看看外面。外面的世界充满了风险，但也充满了希望。

她需要去和自己的内疚和解，去看到自己八岁时的无知和恐惧，去原谅自己。她可以更坦诚地跟母亲去交流这一段经历，去表达自己对母亲的内疚与心疼。

同时,她要了解母亲执拗行为背后其实是源于对爱和丧失的恐惧,她需要对母亲的行为有更多理解和共情,同样可以不断地用行动去表达对母亲的在乎与心疼。

最后也是最重要的是,她需要划出与母亲的界限。这是最难的部分,因为这一步会最疼。她必须要明白,分离就是疼痛的,不仅是她自己,母亲也会疼。她有没有勇气允许彼此在这个过程中疼痛、受伤,然后再来慢慢疗愈?

"老师,你的意思是,我不用强迫母亲搬出来跟我住?我只需要多关心她、爱她,用行动去让她感受到我的爱,对吗?"紫菱沉思着问我。

"答案在你自己那里。"我微笑着回答。

与内疚和解不是一件容易的事,我并没有期待短时间内就能帮助她做到。

看到母亲住在那样的环境,还要保持对母亲决定的尊重,且不陷入内疚,这对紫菱来说是很难的一件事。毕竟她们经历了那么长时间的纠结而复杂的共生,她和母亲几乎是一体的。

但不管多难,学着剪断心理的脐带,就是紫菱现在要完成的课程。

当她可以与这样的内疚和解,就可以用自己的眼光而不是用母亲的眼光来看待自己和先生的亲密关系，她才有可能去获得本该属于自己的幸福。

好处是，她清楚地想要成为自己。茫茫黑夜，有这一点，才会有光。

妻子的红皮鞋

　　并不是所有的需求都可以被满足。当需求无法满足的时候，忽略它不就好了？每个人都活得不容易。我可以忽略，你也可以。如果你的需求被满足了，那被我忽略的需求又如何安放？

　　　　　　　　　　——来访者：吴先生（化名）

　　吴先生和吴太太准备离婚，在离婚之前，他们预约了我。

　　离婚是妻子主张的，吴先生一直询问妻子原因，妻子只是说心死了，其他的也不肯再多说。耗了三个月，吴先生无奈答应，只提了一个要求：在离婚之前，我们去做一次心理咨询，让我知道我到底错在哪里。

　　在我眼里，这段婚姻并没有走到尽头。吴先生提出这样的建议，背后隐藏的信息是，他希望能找出婚姻问题的症结，借助心理咨询师把婚姻保住；而妻子能答应，本身也是一个态度，这个态度的背后隐藏着若有若无的对吴先生的期待。

　　我问他们为什么会来？对这次心理咨询的期待是什么？

　　吴先生在一家物业公司做水电工，看起来忠厚老实，他搓着双手，眼巴巴地看着妻子，说："我们结婚十五年了，感情一直都很好，我就想知道她为什么要跟我离婚。"

妻子在同一家公司做前台管理，打扮简朴，听吴先生说完，眉头皱了起来，眼泪不停地往下掉，说："我最生气的就是他连我为什么要跟他离婚都不知道！"

吴先生很惶恐："我怎么会知道？我问你那么多次你都不说！"

妻子更生气了，她已经不想再说话，就把脸扭开了，一眼都不想再看吴先生。

吴先生无助地看向我，我清了清嗓子说道："看起来妻子认为吴先生应该知道原因，但不知道为什么吴先生忘记了，要不我们帮吴先生回忆一下？"

妻子转过脸来，她看着吴先生尖锐地问："你不是忘记了，你就是不在乎我！你还记得去年过年的时候，我们吵架时我说的话吗？"

去年过年？吵架？吴先生抬头看天，陷入了思考，猛然他一拍脑袋恍然大悟："红皮鞋？你就为这个要跟我离婚？"

妻子咬住了嘴唇，拼命地压抑住自己的委屈，大颗大颗的眼泪从眼睛里往外溢。半天她才说道："你看你明明什么都知道，可是你就是不想为我做。"

他们是经人介绍认识的，见了面以后两个人对对方都挺满意，就确定了恋爱关系。

恋爱六个月后他们打算结婚。结婚之前妻子对吴先生说："你现在穷一点没关系，我也穷。我们两个人一起过日子，帮扶着，穷点也不怕。以后其他人有的，我们也都会有的。我只有一个要求，每年过年都要给我买一双新红皮鞋。"

吴先生觉得有些奇怪，就问妻子为什么。

妻子红着脸也说不出个一二三，支吾着说："好看嘛……你要是答应，我们就结婚。"

吴先生答应了，两个人很快就结婚了。结婚三个月，过年时，吴先生记起了妻子的要求，给妻子买了一双红皮鞋，妻子特别高兴。大年三十虽然不出门，但她还是穿上了红皮鞋，在屋子里面走来走去。

"你怎么这么傻，傻得可爱！"年轻的吴先生把年轻的妻子拥在怀里。

年轻的妻子靠在吴先生的肩上，抬起脚来看着脚上的红皮鞋，脸红红的，开心得像是个孩子："老公，我好开心！这是我的第一双红皮鞋！"

吴先生也很高兴："以后，每年我都会给你买！"

第二年过年，并没有买红皮鞋。因为妻子怀孕了，大家都说孕妇最好不要穿皮鞋，穿布鞋脚才舒服。

第三年过年,也没有买红皮鞋。妻子生了小孩,小孩每时每刻都像树懒一样挂在妻子身上,妻子每天忙着喂奶、洗尿布、做家务,没必要穿皮鞋。

第四年、第五年,也没有买红皮鞋。孩子正是调皮的年纪,妻子每天追在孩子的后面跑,穿皮鞋很不方便。

第六年过年,年货是妻子和吴先生一起去买的。经过鞋店的时候,妻子眼睛直勾勾地看着红皮鞋,吴先生说:"你不是有一双红皮鞋吗?还没怎么穿过。"妻子生气了,转身就走,吴先生追了上去,皮鞋也没有买。

第七年过年,家里的老人生病,他们过年都是在医院过的,也没有买红皮鞋。

第八年过年,家里的老人没能挺过春节,就过世了。晚辈们都要守孝三年,不能穿红色。

第九年、第十年,家人因在守孝期,两年都没有买红皮鞋。

第十一年,还没过年妻子就说要穿红皮鞋。吴先生没有反对,结果买年货时,什么都买了,就是没有买红皮鞋。妻子很不高兴,但家里有很多人做客,她就什么都没说。

第十二年,吴先生忘记了。

第十三年,吴先生又忘记了。

第十四年,吴先生还是忘记了。过完大年三十,妻子对吴先生说:"如果明年你还是没有给我买红皮鞋,我们就离婚吧,反正孩子明年也要住校了。"

第十五年过年,还是没有新的红皮鞋。妻子平静地操持家务,什么都没有抱怨。孩子开学去住校,妻子提出了离婚。

妻子流着泪说着,一年又一年,都刻在她的脑海里。吴先生吃惊地看着妻子,竟不知她怎么一年一年记得那么清楚。

"不就是一双红皮鞋吗?有必要离婚吗?"他喃喃地问。

"您知道妻子是很想要红皮鞋的对吗?"我问吴先生。

"是。可是,有什么必要?没有红皮鞋会怎样?难道会活不下去吗?我每个月工资一分不留,全部交给她。我烟酒不沾,就是怕花钱,我所有心思都在她和孩子身上。就为了一双鞋,她就要跟我离婚?"吴先生回答着我的问题却没有看我,也没有看妻子。他看着空空的墙壁伤感地说,眼睛也红了。

我略等了一会儿,等吴先生的情绪稍稍过去,然后我问道:"所以,事实上,你并不是不记得,而是认为没有必要,对吗?"

吴先生并没有否认。过了一会儿,他才说道:"我承认,今年我备年货时,路过鞋店,我都进去了,想要给她买一双红皮鞋,但是我一想起去年她跟我说的话,没有红皮鞋,就要跟我离婚。我心里有点不是滋味。难道十五年的感情还比不上一双鞋?刚好那个时候,有人打电话给我,我就走出鞋店去接电话了,后来事情一多,我就忘记了。"

听到吴先生这么说，妻子哇的一声哭了出来，她捂着脸哭得很伤心，就像个受了委屈，却又无法反驳的孩子。

"不要哭了，我不是故意的……一会儿我们出去，我就给你买鞋子。"吴先生闷闷地说。

"我才不要！你就是故意的！"妻子说道。

我抽出纸来，递在妻子的手里，诚恳地对妻子说道："我猜想红皮鞋真的对你特别特别重要。只是因为吴先生不了解根本原因，所以忽略了它的重要性。我很想知道，我猜吴先生也很想知道，为什么它会这么重要？你愿意说给吴先生和我听吗？"

妻子慢慢平静下来。终于，她抽泣着开口了。

妻子小的时候家里孩子比较多，母亲没有工作，在家照顾孩子，经济来源全靠父亲。生活的压力，让父亲的情绪很不稳定，而母亲也经常唠叨。

父母忙于生活，让孩子吃饱穿暖就已经很为难了，至于孩子其他的需求很难再考虑到。

妻子还记得五岁那一年，城里的姑姑来家里过年，带来了很多礼物。孩子们都很兴奋，围在姑姑身边，看着姑姑从她的大包里面一件一件往外掏礼物。

姑姑给哥哥带了一个书包，给弟弟带了一个玩具小汽车，给妹妹带了一个洋娃娃，而给妻子带的是一双特别漂亮的红皮鞋。

这双鞋是漆皮做的，闪闪发光，上面还镶嵌了一个黑色的蝴蝶结，就像电视里公主穿的红皮鞋。

妻子兴奋极了，坐在椅子上，迫不及待地试穿那双美丽的红皮鞋，可是鞋子太小了，妻子想了各种办法，脚后跟还是露在鞋的外面，没办法穿进去。

姑姑表示抱歉，说不知道妻子的脚长这么大了，鞋买小了。

母亲在旁边看着，说："既然你穿不了，那就给妹妹穿吧！"

妹妹听到这句话，上来就要拿走红皮鞋，妻子哇的一声哭了，抱着那双红皮鞋怎么也不肯撒手。

母亲无可奈何地说："你穿，你穿！我倒要看你怎么穿！"

怎么穿？妻子把脚尖放进鞋里，脚后跟露在外面，她不舍得把脚踩到鞋帮上，小心翼翼地踮着脚，颤颤巍巍地一步一步走着。

父亲厌恶地看着她说："你看你那个怪样！穿不了就给妹妹穿啊，你怎么这么自私？"

她不敢回嘴，知道父亲生气了，小心地穿着她的红鞋子，尽量离父亲远一点。

吃午饭的时候，一家人坐好了，母亲让她去端菜汤，她踮着脚尖穿着红鞋子，颤颤巍巍地走着，父亲哼了一声，她手一抖，菜碗掉在地上，汤洒得满地都是。

她还没反应过来，满腔怒火的父亲就抬起脚来，狠狠地踹在她的腿弯上，踹得她跪了下去："你给我把鞋脱了！"

红皮鞋就这样给了妹妹，妹妹穿着稍微有点大，母亲在鞋子里垫了一点棉花，妹妹抱着洋娃娃，穿着红鞋子，在房间里美滋滋地跳来跳去。

她难过地看着，妹妹的表情、妹妹的笑容、妹妹在房间里跳的每一步都像小刀子一样，戳在她的心上。

到了晚上大家都睡了，她睡不着，睁着眼睛看着天花板。妹妹跟她睡在一张床上，抱着她的洋娃娃，睡得很香。她虽然没有看见，但是她清楚地知道，那双红皮鞋被整整齐齐地摆放在床前，就好像一双亮闪闪的眼睛在看着她。

第二天是大年初一，一大早妹妹就坐在床上哭，因为她的红皮鞋鞋跟断了，没有办法再穿。

母亲走过来看了看鞋子，二话不说抬起手来给了她一个大耳光。父亲听着声音也过来了，狠狠地在她的屁股上踢了一脚，她嘴里一直在辩解："不是我，不是我！"父亲根本不听，把她推到了院子里，然后砰的一声把门关上。

对妻子来说，那真是一个记忆深刻的新年啊。大年初一，他们一家人坐在屋里吃着早餐，而她穿着单衣，蹲在门口呜呜地哭着，不敢敲门，也无人理会。

她隐约还听到姑姑对父亲说："这个孩子品性不好，你们要多管管她，不然以后要出大事。"父母并没有为她辩解，频频说是。

妻子一边说着这段经历，一边流泪。

吴先生问道："那鞋子到底是不是你弄坏的？"

妻子低着头不出声，半晌她挑衅一样地抬起头，直视着吴先生："是又怎么样？"

吴先生长叹了一声："这就是你不告诉我的原因？你怕我觉得你品性不好？唉，你真是傻呀，我心疼你还来不及呢！"

"心疼"两个字击中了妻子，她放声大哭起来。

吴先生不断地抽出纸塞进妻子的手里："别哭了，咱们一会儿就去买鞋，好不好？"我没有打扰，静静地坐在一边。

这一刻，再也没有什么比吴先生的心疼更能疗愈妻子心底那个伤心的小女孩。那个对红皮鞋满心期待的小女孩，那个做了错事的小女孩。

吴先生的心疼是认可也是爱，她缺的就是这个。红皮鞋对她来说意味着无条件地接纳，接纳她的欲望、自私、不够好。这双红皮鞋意味着认可和爱。

她把童年未被满足的需求带进了亲密关系中，她想要至亲的人来满足这样的需求。那些在小时候父母没能给她的，她想要在吴先生那里获得。

所以，现在的妻子为自己买双红皮鞋虽然很容易，但她的执念是要从吴先生那里得到，否则这双鞋背后的需求就没有真的被满足。

咨询结束了，两个人不打算离婚了，准备下楼一起去吃午饭。

在离开之前，吴先生走在妻子后面，迟疑着问我："老师，其实我还是没想通，为什么她一定要买一双红皮鞋才安心？像我们这一辈人，谁不是这样长大的？我小时候也有很多特别想得到的东西，但是得不到就算了嘛，还不是就这么过来了。"

他的声音虽小，但是也不算低语，像是单独问我，又像是也想让妻子听见。

我温和地问道："你还记得你小时候特别想要什么吗？"

吴先生有点不好意思："我小时候啊……嗐，不说了，不说了，不重要。"

妻子回过头来，认真地看着吴先生说："重要的，你说啊。"

"小时候我家邻居的孩子，有把吉他，他会弹好多曲子，我特别羡慕。但是家里穷，我都没敢跟父母提！后来年龄大了，学不会了，也没时间。算了，不重要，不重要……"

我恍然明白为什么妻子这么强烈地要求买红皮鞋，可吴先生却是要么不在意，要么忘记，最后总是"没有买"。

因为他的内心有一个声音：并不是所有的需求都可以被满足的。当需求无法满足的时候，忽略、假装它不存在就好了。每个人都活得不容易，我的需求都可以被忽略，你的也可以。

"多好的想法啊，现在经济条件允许了，时间也有了，你有想法去学一下吗？"我说道。

妻子认真地看着他:"我觉得可以,你以后还可以弹给我和孩子听。"

吴先生愣了一下,脸上显出若有所思的神情。

咨询结束后的一年,我在微信上收到了一张照片,是这夫妻二人,吴先生抱着吉他在弹,妻子拉着裙裾,而在她的脚上,穿着一双红皮鞋。

两个人的脸上都洋溢着灿烂的笑容。

收得到的爱才是爱

> 为了让她好好学习，我辞职，和她爸分居，我为她放弃了一切，可是为什么，她都看不见？我付出的全部的爱，好像只是感动了我自己。
>
> ——来访者：楚楚（化名）母亲

"十二岁的孩子也会抑郁吗？"楚楚母亲满心疑惑地问我。

在她的手上有一张医院的诊断书，上面写着：长期抑郁体验，存在消极观念及自伤行为，社会功能受损，诊断为重度抑郁。建议服药的同时，辅助心理治疗，不适随诊。

这段对话探讨的主人公楚楚安静地坐在一边，低着头，所有的注意力都在手里攥着的那张白纸上，捏弄、拉开、揉碎，似乎我们说的话题跟她没有任何关系。我看到在她白皙的手臂上有着几道用刀片划出来的血痕。

初一下学期刚刚开学不久，由于楚楚总是上课走神，班主任找来楚楚谈话，却发现楚楚的手臂上有小刀划过的血痕。再仔细看，老师惊讶地发现，在楚楚的手臂上除了新鲜的血痕之外，还有很多陈旧的伤疤。

于是班主任通知了楚楚的母亲,让母亲带楚楚去医院检查。拿到诊断书后,母亲第一时间预约了心理咨询。

"老师,她不想去学校,跟我说上课没意思,什么都没意思。你说她怎么会抑郁呢?我每天好吃好喝伺候着,什么事情都不让她做,什么都不用她操心,一句批评的话都没有说过,她就只需要去上个学而已。老师,我想不通,她怎么就能抑郁?"母亲说着,眉头紧紧皱在一起。

我从母亲的问话里,听到了不相信。她不太相信楚楚会患上抑郁症,又或者说是她不能接受楚楚患上抑郁症。

我看向楚楚,温和地问她:"我看到医院的诊断书,上面诊断是重度抑郁,楚楚你怎么看?"

楚楚沉默了一会儿,说:"我有病。"

"你瞎说什么呀?你怎么就有病了?啊?"楚楚母亲急了。

楚楚抬起头来看了看她,低下头,不再说话。

"就做几个测试表就证明有病了?哪有那么简单的?再说了,就算是抑郁,那咱们好好治不就完了!医生也说了,积极配合治疗,该上学上学,该吃饭吃饭,什么都不耽误!"楚楚母亲一连串地说着。楚楚则两眼发直地看着墙角,完全没有回答。

我看着这对母女,这真是一件很有意思的事,对于抑郁症,楚楚是接受的,母亲则完全不能接受。

我打算分别跟她们聊一聊。

我给了楚楚一张纸，让她随意画，只要画面里有房子，有树，有人就可以。（房树人测试：一种心理投射法测验，受测者要在同一张纸上画屋、树及人。可以挖掘出受测者压抑在最深处的潜意识。）

楚楚母亲等女儿出了房间，立刻问出了她最想问的话："老师，你说她会不会是装的？医院的测试就是做题，她是很有可能在测试中夸大自己的症状的。"

"那么你认为她为什么要夸大自己的症状？"我问道。

"为了不去上学啊。我看她在家里打游戏什么的开心得很，哪里像是抑郁的样子？"

"那么，你知道她为什么不想去上学吗？"我再问。

"问了一千次了，她不肯说啊！"母亲急躁地回答。

沉默了一会儿，我转了个方向："我想知道，如果她真的抑郁了，你最担心的是什么？"

这话戳中了母亲的心，她咬住嘴唇："我担心她真的就不去上学了。她还那么小，不去上学，她能干什么？这辈子不就完了吗？"

说着，她的眼圈红了。她抬头看着咨询室的天花板，竭力地想要忍住眼泪。

"没关系，你是可以哭的。如果在咨询室都没法哭，你就没有哭的地方了。"我递了两张纸给她。

她哭出声来，因为担心外面的女儿听到，仍然是有所控制，尽力想要忍住。半晌她才抽泣着说道："老师，我都快要疯了。我为她付出了那么多，工作也辞了，老公也不管，天天做饭洗衣陪着她，我做这一切就是为了让她心无旁骛地好好读书！我想不通，她怎么就抑郁了呢？"

在楚楚母亲和我交流的过程中我了解到，她们家原先并不在省城，是在离省城大约两个小时车程的一个郊县。楚楚小学时展现出优异的学习天赋，过目不忘，脑子特别灵光，成绩一直稳居年级前一二名。六年级一开学，老师建议楚楚母亲，可以试着去考一下省城的一中，一中针对郊县的学生有提供住宿的优惠政策。

老师说，如果考上一中，孩子未来的平台就不一样了。楚楚这么聪明，做父母的可千万别把孩子耽误了。

楚楚母亲听了很动心，于是接下来的一整年，楚楚母亲给楚楚在省城找了一家培训机构。周六早早出门去上补习班，上完课以后，晚上再赶回家。虽然每次光在路上耗费的时间都要四五个小时，但是楚楚母亲觉得只要是为了孩子的前途，一切都是值得的。

楚楚也很争气，小升初的时候，果然考上了省城一中。周围的亲朋好友都高兴极了，楚楚是他们当地第一个考到一中的。母亲办了一个盛大的庆祝宴，亲戚朋友都来恭贺，好像感觉楚楚立刻就要飞黄腾达了。

席间老师对楚楚说："楚楚啊，你要珍惜这来之不易的机会。你看你妈一心扑在你身上，付出那么多，为的是什么呀？就是希望你有一个好的前途。你看大家都羡慕你，你一定要好好学，千万别辜负了你的母亲。"

进了省城一中后没多久，楚楚给母亲打来了电话。在电话里楚楚哭得特别伤心，她不会洗衣服、不会叠被子，从来没有离家这么久这么远。她想家、想母亲。另外学习上也有很多不适应，在新的学校，尖子生云集，老师讲课的速度很快，楚楚第一次觉得自己学习跟不上。

母亲鼓励楚楚说："每个小朋友在长大的过程中都会遇到特别多的困难，大人也是一样的，咱们可不能一遇到困难就退缩，要勇敢面对。"

第一学期刚刚过半，期中考试成绩一下来楚楚就崩溃了。她大哭着打电话给母亲说想要回家，母亲仔细询问才知道这一次她的考试成绩在班上排到了二十三名，一个班五十多个同学，这个中等水平的成绩令母亲也有些失望，责备了她两句。而楚楚完全不能接受，因为她早就习惯了考第一名。

听着楚楚哭,母亲也很心疼。思来想去,她做了一个决定——这孩子这么聪明,还对自己要求这么高,可不能耽误她。她跟楚楚的父亲商量,想要辞职去省城照顾楚楚。楚楚的父亲不太愿意,母亲却反驳说:"还有什么比孩子的前途更重要?关键时期就这么几年,我们得多为孩子想想!"

很快,母亲辞去了自己原来的工作到了省城,在楚楚学校的附近租了一间房子,不让楚楚住校,开始专心照顾楚楚的起居生活。

在搬进省城新居的时候,为了让楚楚学会珍惜,激发楚楚的学习动力,母亲专门给楚楚算过账:辞去工作后,母亲经济上的损失、事业上的损失、人际关系上的损失、租房子的直接经济花销;父亲变成了家里唯一的收入来源,工作压力变大;母亲要照顾楚楚,不得不夫妻分居,生活上巨大的改变……母亲一边算,一边语重心长地跟楚楚说:"为了你,我们什么都可以付出,你什么都不用管,把学习搞好就对得起父母了。只要你学习好,我们付出什么都是值得的。"

楚楚低着头,大颗大颗的眼泪往下掉。母亲观察着她的表情,心里得到一些安慰,这些话明显是触碰到了孩子的内心,这孩子并不是不懂感恩。

日子就这么一天天过去,楚楚母亲照顾着楚楚的衣食住行,楚楚每天上学、放学,相安无事。楚楚学习认真刻苦,但每一次考试似乎都不太如意。她很想得第一名，但总是在二三十名徘徊。为了这个楚楚哭过好几次，偶尔也会跟母亲抱怨压力很大。除此之外，母亲也没有感受到女儿有更多的异样。

直到老师通知自己，她才惊觉女儿的手臂上有那么多划痕。

"老师，这是为什么呀？她偷偷在手臂上划了那么多刀痕，从来也不跟我说到底怎么了！我为她付出了那么多！她苦，我就不苦吗？我一句都没有抱怨过！"楚楚母亲把纸摁在眼睛上，很快纸就被眼泪浸湿了。

我的注意力去到了外屋，外面坐着的楚楚无声无息，没有一丝动静。你不知道她正在经历什么、发生什么。就好像之前的无数个夜晚，她一个人默默待在自己的房间里，孤独和痛苦无处诉说，直到拿起刀片，划伤自己的手。

我也想问一问，到底是有多苦？到底是怎样地无处诉说，让一个十二岁的小女孩这样对待自己？

母亲出去了，现在是我和楚楚单独询问的时段。

我问楚楚："你想跟我说点什么吗？"

楚楚摇摇头，一言不发。

我拿过了她手里的画。纸上画了一个方方正正的房子，冒着炊烟，看上去很温暖的样子，房子外面是一条河，有一个小女孩在河的对岸看着房子。

"这个房子是?"我试图和楚楚进行沟通。

"她的家。"楚楚小声地回答我。

"隔着河,她要怎么回家呢?"我指着画上的小女孩。

楚楚没有回答。

"你画的她是谁?"我换了一个问题。

她迟疑了很久,轻声答道:"我……"

她回不去的家是哪个家?

我能肯定,不是现在这个她和母亲为应对学业而租的房子。这在她的心里从来不是家。

"你不想去学校,想回家,是想回县城的那个家对吗?"我问她。

她撇着小嘴,像是要哭。稚嫩的脸庞上有些神色紧张。

那个家,有父亲,有母亲,有小伙伴,也有自己驾驭得了的学习氛围。

然而,她回得去吗?母亲为她付出了这么多,到底是为什么?

终于,她摇摇头,哽咽地说:"我不回去,我要在一中好好读书。"

然而话音刚落,大颗大颗的眼泪却从她的脸上滚落下来。

这并不是一个复杂的个案。

小学的楚楚在学习上基本是神童一样的存在，老师表扬她，同学羡慕她，父母都以她为傲。她考上省城一中时，亲朋好友们来祝贺，都说她以后就是上北大清华的命。在每个人的眼里，她就是那个"别人家的小孩"。

来到省城一中，高手云集，她忽然发现自己并没有什么优势。巨大的落差感令她对自己很失望，再加上生活上的不适应，她的压力与日俱增。她开始拼命地努力，但很多时候努力并不一定能得到自己想象中的结果，她很快就发现自己越努力越失望。

如果这时她能不那么焦虑，接受自己的不完美，把学习尽可能看作一个过程，也不见得就会变得糟糕。然而从小到大，父母对她的高期待令她特别不能接纳自己的不优秀。期中考试结束，她给母亲打的那通电话，其实就是一个求救的信号。如果这时母亲能够欣赏她的努力，同时允许她不够优秀，她也许可以放下一些焦虑。但是母亲并没有看到她的痛苦，母亲除了鼓励她更努力之外，做出的决定是来省城陪伴她。

母亲放弃工作、夫妻分居、事事都围着她转、完全没有自己的生活，为的就是无论如何都要帮助她重返第一名，楚楚在这样的付出里活得密不透风。母亲认为这样的付出是爱，可是这样的爱楚楚根本收不到。

母亲为她付出了那么多，她很清楚母亲付出的背后蕴藏着的期待，那就是希望她可以学习更好，最好是重返第一名。但母亲隐藏着的期待，她做不到。做不到，又如何对得起母亲那么巨大的付出？

但如果是生病了呢？抑郁了呢？那就有了自然而然的理由可以不用去面对自己能力不行的结果，不需要去面对母亲的失望。十二岁的孩子怎么就不会抑郁呢？尤其当抑郁可以成为她没有做到最好的理由时。

所以有时抑郁是种选择。有的抑郁症患者为了抵御周遭不能承载的压力，选择了一个坚硬的外壳，把自己封闭在壳里。虽然那些压力看不见了，可未来和光明也看不见了。

像楚楚，她并不是假装生病，她只是在潜意识里想要选择把这样一个外壳扣在身上。万幸的是，这样的外壳她只是扣了一半，还没有完全扣下去。

接下来的咨询基本都是针对母亲的。

母亲的主要功课是放下焦虑。确实，在我的经验里，一般一个抑郁的孩子都搭配着一个焦虑的母亲或父亲。

首先，母亲要相信楚楚的感受，接受她真的病了，是真的在承受着巨大的压力。就算楚楚有可能会为了不想去学校而放大自己的问题，但是我们要关注的点并不是楚楚有没有假装，而是她为什么会假装？学校给她的压力到底是什么？

然后，母亲要把注意力从楚楚身上收回来。任何时候，父母都要先为自己活着，要先把自己活精彩。为了孩子放弃自己生命的精彩，对自己来说是辜负；对孩子来说，不仅是一种控制，更是束缚。你以为这样的付出是爱，但往往只感动了自己。收得到的爱才是爱啊！没有一个孩子会愿意父母这样泯灭自我式地付出，因为如果父母以孩子为名不想活出自己，这就意味着孩子不得不听父母的话，没资格为自己活。说严重一点，这是一种以爱为名的道德绑架。

再然后，母亲还得放下自己的期待。学习成绩从来就不该是评判一个孩子是否出色的标准。学习是一个过程，而不是一个结果。学习也不仅仅是课堂上的四十五分钟，而是对整个未知世界的好奇与探索。学习也不仅仅是小学、初中、高中，更是终身的能力。

如果母亲真的能接受有一个不拿第一、不完美的女儿，允许楚楚不够好，慢慢地楚楚也会放下对自己的高期待。毕竟那样的高期待，其实是父母意愿在她那里的投射。

"老师，其实我也问过楚楚的，要不要回我们当地去读初中。但是楚楚跟我说她不想，她就是想留在省城一中。我都觉得头疼，又要留下来，又不去学校，这不是矛盾吗？"母亲说。

"那你想让她回去吗？"我直接问道。

"实在没办法,回去也行。"母亲的表情有些犹豫。

"所以,你到底是想还是不想?"我追问。

母亲沉默了一会儿:"当然不想。老师,你不知道,她上省城一中,所有人都羡慕我们家,她要是就这么回去了,多少人要看我们家的笑话!"

"所以,你看,楚楚说的不想,其实是你的想法。她不过是把你的想法说出来了。至于她到底想回去还是不想,你觉得呢?"我反问道。

楚楚母亲若有所思,并没有回答。

在结束了这次咨询之后,楚楚母亲办理了转学手续,带着楚楚回到当地读初一。

我很佩服她的勇气,我知道她做出这个决定非常不容易。这意味着她接受了一件事情:她过往的那些付出,很可能是没有意义的。

很快她发了信息给我,跟我说楚楚在新的班级里,遇到了她几个小学时的同学,过得很开心,考试时她又拿了班级第一名。

我听到第一名的时候还有些担心,我回信息说:要允许孩子不够好,只要孩子在努力、在学就可以了。

楚楚母亲很快回复了我:老师,放心好了。我告诉她了,考好考坏都只是学习的反馈,是提醒你调整的,别太在意。还有老师,我怀孕了,她就要有个弟弟或是妹妹了。楚楚特别高兴,她希望我能给她生个弟弟。

真好啊,多个弟弟,楚楚背负的关注压力或许就更小了吧?

不管多么微小，
其实每个人都是小小的光源。

如果你可以活出自己最好的模样，
就是为这个世界添了一束光……

我在人群中
好孤独

chapter 6
向世界发出自己的光

划清爱的界限

> 我才知道，在家庭里，亲密关系必须大过其他的一切关系，这个家庭才是正常的家庭，才是有可能获得幸福的家庭。
>
> ——来访者：张兴（化名）

如果你妈和妻子同时掉进河里，你先救谁？

这是一个很像段子的终极难题，一般用于拷问先生，而那个倒霉的先生怎么回答都会被骂，不回答也会被骂。

而我好奇的是，这道题是谁提出来的。是妻子，还是妈？不管是谁，她们要问的实质都是一样的：妈和妻子，谁更重要？

张兴是一个民宿老板，事业成功，他来做咨询的原因是近期陷入焦虑，无法入睡。

"近期？是发生了什么事情吗？"我问他。

张兴有一些沉默，好一会儿才说他无意中发现妻子跟初中男同学聊天，强行拿过手机来检查，才发现妻子跟这个男同学一直保持着特别亲密的聊天。虽然没有什么超过分寸的语言，但看得出来妻子很依赖这个男同学，她管这个男同学叫哥，什么都愿意跟他说，还在聊天中抱怨自己生活的枯燥和辛苦。

"这是你失眠的原因吗？"我问。

他摇头说："不是。当我把聊天记录翻看一遍，跟她求证时，她竟然提出离婚。开始我还以为她在开玩笑，谁想到她竟然搬到闺蜜家去住，不回来了。我真是想不通，难道不是她做错事了吗？她怎么可以这么理直气壮？"

我想了想，开始询问他的家庭背景，并为他画家庭图。心理咨询中了解来访者的家庭背景信息是很重要的事。很多时候，看起来跟来访者诉求无关的家庭信息，起着关键性的作用。

这位妻子并不是张兴的第一位太太。和第一任妻子结婚不到一年，由于受不了与张兴的母亲同住，就离婚了。

"其实，我妈很疼她，对她特别好，内衣都替她洗，从来不责备她，发生什么矛盾都只会说我，真不知道她为什么这么闹。我家是单亲家庭，我妈养我不容易，离就离吧，不孝顺的女人我也不想要。"张兴回忆第一次婚姻时说。

第二次婚姻，母亲不愿再发生这样的情况。张兴赚了不少钱，家庭条件优越，于是他重新在一个小区购置了两套房，楼上母亲住，楼下张兴夫妻住，方便照顾。

"我现在的太太嫁给我以后，什么事情都不用操心。怀孕以后她也不工作了，我妈事无巨细地照顾她；等孩子生下来，我妈马上接手照顾；现在孩子两岁了，她基本没管过，天天闲在家里，只是吃吃喝喝。日子过得太舒服了就想找点事，前段时间不知道为什么，非闹着要换房子，我告诉她这绝不可能，她才消停。现在你看，又出了这些事！"

"你妻子不带孩子吗？是她不想带吗？"我有点吃惊。

"她带不了啊！"张兴声音大了起来，"她自己还是个孩子呢。大学一毕业就嫁给我，什么生活经验都没有，怎么带？前段时间她不服气，非要自己带孩子，累得要死不说，孩子还着凉了，发了两天高烧，我妈才又赶快把孩子带上楼去照顾。经过这件事，她再也不敢说自己要带孩子的事了。"

咨询室里放置了一些靠背颜色不一样的椅子，我常常会即兴用它们做情境演示。

我站起身来，拉过一把红靠背的椅子，跟张兴说："这把椅子代表你母亲。"又指着另一把绿靠背的椅子，"这一把代表你。张兴，请你放置一下这两把椅子的位置。"

张兴想了想，把两把椅子面对面地放置，靠得很近。

"你和母亲的关系这么好吗？"我问道。

张兴看了看两把椅子，把两把面对面的椅子挪得更近了，几乎完全贴在一起："我跟我妈从小相依为命。我爸去世得早，我妈起早贪黑，一手拉扯我长大，非常辛苦。在我的记忆里，不管日子过得多难，我妈宁肯亏待自己也从来没有亏待过我，没有骂过我，更没有打过我。会满足我所有的要求，即使现在跟我在一起，她也什么都以我为主，什么都只知道付出。我从小就发誓，一定要让我妈过最好的日子。结果，没想到她年龄那么大了，我还要让她操心。"说完，张兴的眼睛红了，他低下头，控制着自己的情绪。

我看着面前的两把椅子，面对面放在一起，把手靠着把手，形成了一个闭环。我拖过另外一把黄靠背的椅子问道："如果这把新的椅子代表你的妻子，她的位置在哪里？"

张兴愣住了。他拿着那把新椅子，手足无措。面前的两把椅子贴得太近了，他没地方再去安置新的椅子了。

"可以移动原来的椅子吗？"他喃喃地问。

"我不知道。这得问你自己，你想移动吗？"

他再一次愣住了，半晌才自言自语道："该移动一下的。"

然后他挪动着原先的两把椅子，加入新的椅子，让三把椅子面对面形成一个圆。

"你们的关系真的是这样的吗？"我问道。

张兴无力地摇摇头，说道："我希望是这样。"

"妻子也希望是这样的？你猜一下，如果是你的妻子，她希望怎么放置？"我再问。

张兴没有说话，他开始挪动椅子，把象征着自己的绿靠背椅子和象征着妻子的黄靠背椅子并排而亲密地靠在一起，把象征母亲的那一把红靠背椅子放置到后面。前面的两把椅子背对着后面的椅子,保持近两米的距离。

"哦,原来妻子希望的是这样。那么你觉得妻子希望的状态是你期待的吗?"我继续问。

张兴看着这三把椅子,沉默了很久,才点了点头。但很快,他又开始摇头,他差不多是含着眼泪,看着后面红靠背的那把椅子,似乎上面真的坐着自己的母亲:"太孤单了,她太孤单了……"

他走上前去,把红靠背的椅子拖得离前面的椅子更近了一些。然而他还是摇着头,嘴里说着:"这样不行啊……"

我想了想,把前面象征着张兴和妻子的两把椅子转了过来,面对着后面的椅子,但仍然保持着距离,我轻声问道:"如果是这样呢?"

张兴舒了一口气:"这样好多了。"

我又拿了一把新的椅子过去,和象征母亲的椅子并排放到一起:"这代表的不一定是一个人,也许是新的兴趣、新的朋友、新的可能性、新的支持,代表着母亲新的生活,这样会不会觉得更好一些?"

这一次张兴久久没有说话,眼泪终于落了下来,他抹了一把眼泪叹道:"是啊,我妈从来都是为我活着,从来没有为自己活过。"

问题的症结其实就在这里。母亲一味地付出成就了儿子,但是也成了儿子的精神压力，从而绑架了儿子的生活。儿子对母亲的付出一直饱含内疚，于是张兴把母亲放到了人生最重要的位置。从某个角度来说，母亲几乎替代了张兴妻子的角色，而张兴也承担了部分父亲的责任，他和母亲的关系几乎是密不透风的。在张兴的第一次婚姻里，母亲甚至会给前妻洗内衣，我们完全可以想象，在这个家里、在母亲面前，小夫妻俩基本没有自己的隐私和独立空间。没有任何一个女性能接受这样的关系，于是张兴第一次婚姻失败是理所当然的。而第二次婚姻，虽然没有住在一起，可是母亲有他们房子的钥匙，可以随时以打扫卫生的理由进入夫妻俩的房间，在妻子生了孩子之后，母亲更是直接把孩子接管了过去，几乎替代了妻子的角色。张兴下班之后，大量时间跟母亲、孩子在一起，从妻子的角度来看，自己几乎就是个外人，他们才是一家人。妻子为什么向外寻求精神上的慰藉，原因是她根本融不进这样的一个家庭。

可以确定，如果不改变，张兴的第二次婚姻也一定会走向失败。以后不管他再找谁，结果也注定是失败。没有任何一个妻子能接受这样的家庭状态。

张兴的咨询持续了大约半年，他把孩子从母亲那里接了回来，鼓励妻子自己带孩子，找了一个有经验的保姆来协助。跟妻子开始有了更多单独相处的时间，出去吃饭、看电影，涉及孩子教养的问题，尊重妻子的意见——在这之前，是从未有过的。而面对母亲的失落,他也给予了很多关怀,鼓励母亲报了老年大学,支持她去跳广场舞,和自己的老姐妹们一起出去旅游。

妻子开始认真带孩子,固然是没经验,固然是很辛苦,但她在这个过程中意识到了自己作为母亲、妻子的职责,意识到自己在这个家里的重要性。他和妻子的感情变得更好了。而有趣的是,这当中变化最大的是母亲,她热衷于一个老年旗袍秀的组织,积极参与,整个人看起来年轻了好几岁,甚至有一个年纪相仿的叔叔正在追求她。

张兴的个案告诉我们,在家庭里,亲密关系必须大过一切其他关系(母子、父女、兄弟姐妹关系),这个家庭才是正常的家庭,才是有可能获得幸福的家庭。

在中国传统的文化里,常常以一个家庭几代同堂为福泽,加之现实的原因,很多年轻人仍然不得不接受和配偶的父母同住的事实。如果可以,我建议子女和父母还是要分开住;但如果条件不允许,必须和父母同住,就非常考验父母那一方的配偶。

像张兴,他就承担了这个家庭里最为重要的调和角色。两个女性都认为自己应该是张兴最重要的家庭成员,在潜意识中明里暗里争夺他。他如果不清醒,很享受这样的重要感,那这个家庭就会矛盾重重、纷争不断。

他如果被母亲的付出绑架,凡事以母亲为重,那他注定品尝不到真爱的滋味，难以得到幸福，因为没有任何一个女性结婚后可以坦然接受自己处于这样的家庭环境中。

他必须很笃定地跟母亲划一个界限，带着感激和慈悲跟自己的内疚对话，告诉自己划这样的界限不是放弃，而是爱，是帮助母亲也拥有自己全新的生活。母亲这么多年注意力一直在他身上，从来没有为自己生活过。

同样，他必须要意识到自己已经组建了新的家庭，在这个家庭里，妻子才是真正的女主人，而不是母亲。他必须先尊重妻子，在自己的观念和现实中把妻子的位置摆正，妻子慢慢适应了自己的新角色，摆脱了无力感，才会参与到家庭中，找到自己的价值。

回到一开始的那个话题：如果母亲和妻子一起掉进河里，你要先救谁？如果让我来回答，那就是：救妻子，母亲由父亲救。

这很像一个隐喻。父亲在这里指代母亲自己的精彩生活，不见得是一个固定的人。

所以，母亲在孩子成长的过程中，要与孩子建立界限，要帮助孩子自立；而孩子在成年后，要有能力去经营好自己的新家庭，此时母亲应得体地退出孩子的生活，去把自己过得精彩，尽量少参与到孩子的生活中，降低与儿媳同时掉进河里的概率。

当然与此相对应的就是，如果希望母亲得体地退出儿子的生活，那么儿子和妻子就需要更加独立，不能太要求母亲付出。不能既要求母亲不要介入夫妻的小生活，又要求母亲帮自己带孩子、照顾日常生活，这对于母亲来说，也是不合理的要求。

　　而如果矛盾和争执不可避免，母亲也要有足够的力量对儿子说："儿子，你先处理好你和妻子之间的关系，妻子对你很重要。至于你妈，你不用太担心，妈也有自己的生活，我自己好着呢。"

　　划清爱的界限。各自精彩，才是精彩。

不爱就不会痛

你知道吗？我不是不爱你，我只是无法承受爱了以后又失去的痛苦。因为怕受伤，于是假装不在意；因为怕失去，所以干脆就不要开始。

——来访者：陈镇（化名）

"我是个渣男。"这是他对我说的第一句话。说这句话的时候，陈镇凝视我的眼神极其诚恳，那样深邃的眼神令我也有些许恍惚。如果他不是有意的，那我只能理解为这是他的本能，面对一个女性的本能。

确实，光从外表来看陈镇很有"渣的资格"。长直齐肩的头发，随意地扎在脑后，漏出几缕发丝，没有风也轻轻拂动，颇有几分艺术忧郁的气质。轮廓清晰的面庞，鼻子高挺，眼睛饱含着笑意，专注地凝视着跟他说话的人，怎么看都温柔又深情。偏偏他却十分诚恳地对你说："我是渣男。"

我突然有点理解了什么叫"致命的诱惑力"。

"我可以为你做点什么？"定了定神，我问道。

"有个女生想为我自杀。老师，你能不能做做她的工作，告诉她我不值得。"

"是这样的,心理咨询的基本原则是自愿,如果她并不愿意来……"

我话还没说完,他淡然而笃定地打断了我:"我让她来,她就会来。"

"哦。那么,在她来之前,你能说说大体情况吗?"我不动声色地打开了记录本。

他耸了耸肩,并没有拒绝。也许吧,他来并不仅仅是为了别人,也为了自己?

"我是个渣男,我只喜欢追不到的女生。"他平静地讲述着自己的故事。

"我带文静的女生逃课、为爽直的女生读诗。每天送花送早点,关心她的冷暖,蹲下为她系鞋带,一天至少打三个电话,早叫醒、晚哄睡、中午提醒吃饭。我知道她们想要什么,知道靠什么可以打动她们。然而当她们答应我的那一刻起,我的兴趣就消失了。我不再理会、不接电话、不回信息,虽然并没有人间蒸发,但也差不多等于消失了。"

我一边听他说,一边努力地想象着。

听起来很像是玩跷跷板,一开始他特别用力把对方越抬越高,等到了高点他忽然松劲,对方就会急速地从高处坠落。

"呃,真是奇迹。"看他不解的眼神,我补充道,"你能安全地活到现在。"虽然咨询师的立场应该全然中立，但我觉察到自己心底隐隐涌起了一些反感。

他意识到了，瞟了我一眼："说实话，我一点都不内疚。"

"哦？怎么解释？"我惊讶于他的坦然。

"各取所需罢了。她们喜欢我，自然是因为我的外表，还有我会讨好她们，可以满足她们的愿望。她们想要的，我给了，甚至超出了她们本身的预期。她们喜欢的其实是我的付出，并不是喜欢我本人。就算是演戏也要有个度，她们贪婪地索取，难道我还要永远委屈自己？再说了，我也常常被打耳光的。"

他答得从容且坦荡。夜深人静时，他应该无数次为自己的行为找合理的借口吧？我佩服他逻辑清奇，差点把我都说信了。

"哦，并不是真正喜欢你本人？我是有点好奇，你本人是怎样的？"我问道。

他的脸色阴郁下来，眼神突然变得有些凌厉凶狠，房间里的空气似乎也冷了下来。

"我还有另一个好奇的问题，你曾经让别人看到过真实的你吗？"我并没有被空气中的低气压吓到，继续问道。

他咬紧了牙关，腮边的肌肉都僵硬了，我留意到他逐渐握紧了拳头。

这正是我迫近真相的时刻，所以我毫不退缩，正视着他。

他凶狠的目光散开，慢慢松开了拳头，嘘出一口长气。

"看来,那个打算为你自杀的女生见过真实的你?"

他几乎是难以觉察地点了点头。

十岁那一年,陈镇的父亲杀了陈镇的母亲,原因不详。有人告诉陈镇说是因为他的父亲得知母亲出轨了。

父亲进了监狱后没过太久就被判了死刑。执行死刑之前,他去看过父亲一次,父亲要求他带着母亲的相片。整个探视的过程,父亲把母亲的相片摁在胸口,一句话都说不出来,只是垂着头哭。很快眼泪就打湿了衣服,把相片也浸得模糊不清。

父亲去世后,舅舅主动申请做他的监护人。于是在变卖了父亲的房产后,他和奶奶一起住到了舅舅家。舅舅、舅妈对他并不是很好,常常呵斥责骂,好在有奶奶坐镇,还不至于动手。

在舅舅家住了不到两年,奶奶生了很重的病。最后的时间里,奶奶经常在医院里拉着陈镇的手,不停地流泪,一句话都说不出来,就跟当年的父亲一样。

奶奶去世后,舅舅、舅妈看他各种不顺眼。不仅大人是这样,表弟也常常给他白眼,就连家里养的小黑狗也看不上他,常常对他龇牙。

有一天家里熬了排骨汤,舅舅一家都在喝,连小黑狗都有一个大骨头,趴在地上啃得津津有味。只有他没有。舅舅说他考试考得不好,不配吃。

chapter 6
向世界发出自己的光

他立在屋外的墙角，正被罚站。只要他轻轻一动，正在啃骨头的小黑狗就会发出呜呜的警告声。

"皮痒了你，老实站好！"听到小黑狗的声音，舅舅隔着门吼道。

第二天，家里的小黑狗不见了，去哪里找都找不到。一家人乱作一团。表弟气得嗷嗷大哭。舅舅、舅妈各种安慰都不能让他安静下来，最后烦躁不已的舅舅给了他一巴掌才让他闭上嘴。

他一个人站在屋外，咧着嘴无声地笑了。

刚搬来不久的隔壁家的小女孩凑了过来，悄悄对他说："我看见了，是你用肉肠把小黑狗骗出去，让那个捡垃圾的老人抱走了。"

他沉下脸来："你再胡说？信不信我打你！"

小女孩一点也不怕他，笑嘻嘻地看着他："他们对你不好，我知道，我才不会说呢！"

后来，在学校里，他又见到了那个女孩。她比他小一级，一见他，就特别开心，便跑过来黏在他身边，感觉像是和他拥有了一个共同的秘密。从此每天上学放学她总是要等着跟他一起，一路上叽叽喳喳地跟他说话，赶也赶不走。他嫌她话多，给她取了个外号，叫小麻雀。

小麻雀总是能看出他的窘迫。总是带很多奇怪的东西来给他，吃的、喝的、治冻疮的药，甚至有一次偷了父亲的秋裤给他。他没法拒绝,因为每一样东西都正好是他需要的。

她就这么跟在他的身后,依赖着他,像是他的小影子,也许他也依赖着她吧,虽然他总是冷冷地不承认。

初中毕业,舅舅不想供他继续上学了,想让他到当地一个建筑公司去打工。

漆黑的夜里,他坐在学校的篮球架下发呆。小麻雀一反常态,一句话都不说,安静地陪着他一直坐到深夜。

过了两天,表弟不见了,和他一起不见的还有陈镇。两个孩子从早上出门,到了深夜还没有回来。舅舅去问小麻雀有没有见过陈镇,小麻雀摇着头表示没有。她眨着大眼睛对舅舅说:"舅舅,你要快点去找,肯定是陈镇把弟弟带出去了。以前你们家的小黑狗就是陈镇骗出来送人了。"舅舅听得满头冷汗,也来不及去想为什么小麻雀要出卖自己的好朋友,跟舅妈两个人急急忙忙去派出所报了案。

回家路上,舅妈一路哭一路骂,骂舅舅明知道陈镇小心眼,非要去为难他。舅舅一言不发,只是叹气。回到家,却看到家里的灯明晃晃地亮着。儿子坐在桌前,狼吞虎咽地扒着一碗饭。问起去了哪里,表弟脸上带着气愤,他指着陈镇,怒道:"他说家附近有一个军事基地,要带我去看,走了一天,什么也没看到!"而陈镇,安静地坐在旁边的椅子上,一言不发。

表弟睡下后,舅舅问他怎么回事,陈镇还是一言不发。舅舅高高举起手,面对他冰冷又阴郁的眼神,到底还是颓然地放下了手。

　　舅舅让步了。陈镇到底还是上了高中。这一次小麻雀和他是同谋。小麻雀对舅舅说的那番话,都是事先陈镇排练好的。拥有了共同的秘密,陈镇和小麻雀变得更加亲密,几乎是整日黏在一起。陈镇越长越帅,小麻雀也越来越漂亮,学校里大家都认为他们是一对。

　　高考结束,陈镇考上了省外的大学。小麻雀来送他,不舍地对他表白:"你等着我,我以后考你的学校,我要嫁给你。"

　　陈镇沉默着,第一次拥抱了她。像是预感到了什么,她伏在他的怀里哭了,滚烫的泪水灼痛了他的心口。

　　后来他上了大学,但三个月后他退学了。并切断了和曾经所有认识的人的联系,他彻底消失了,没有人知道他去了哪里,包括小麻雀。他不动声色地和自己的过去一刀两断。

　　离开大学后,陈镇找了一份与广告相关的工作,凭着聪明、能吃苦的劲头,事业上逐渐有了起色,同时他也慢慢成长为一个让女孩们伤心的浪子。

　　他总是能敏锐感知到女孩对他的好感,追求、得到、消失,他辗转在一段又一段的感情里,开始即为结束。他沉浸在这样的循环里乐此不疲,直到他又一次遇到了小麻雀。

前段时间他在酒吧邂逅了一个漂亮的击剑运动员。他每天晚上在电话里用气泡音为那个飒爽的女孩讲睡前笑话，讲了差不多三十天，等到女孩子对他芳心暗许，他又开始玩起了消失的老把戏。

没想到的是击剑运动员比他想象中的要执着，她不断地发信息来质问他，最后他不得不拉黑了她。然后运动员和朋友去他们相识的酒吧蹲守，终于守到他正和一个长发女孩子耳鬓厮磨。

击剑运动员一个耳光打过来，血从他的嘴角渗出来。他慢条斯理地擦去嘴边的血，平静又无情地问道："我是占了你什么便宜吗？我骗了你的身体还是骗了你的钱？你听了一个月的笑话，难道不是在享受吗？这个过程中你是吃了什么亏吗？现在我不想伺候了，不喜欢了，难道不可以吗？"夺命连环问，问得对方张口结舌。女孩子苍白着脸，踉跄着不断后退。还好她的朋友从后面一把扶住她。

陈镇一眼就认出来了，她的朋友正是小麻雀。小麻雀脸上的表情又是喜悦，又是愤怒。复杂到难以描述。

自那天起，陈镇的好日子就到头了。

他再也没办法去哄骗别的女孩，小麻雀就像影子一样黏了上来，紧紧地跟随着他。他假装不认识她、骂她、让她离开，她难过、哭泣、掉眼泪，但就是不离开。

陈镇实在没办法了，于是找到了击剑运动员，道歉认错后，开始跟她谈恋爱。他搂着击剑运动员,故意让小麻雀看到。他想用这种方法让她彻底放弃。

这次似乎对她的打击挺大,她咬着嘴唇看着他,都快把嘴唇咬破了,然后哭着跑开了。他长长地舒了口气,松开了击剑运动员的腰,以为终于摆脱了。

谁想到了晚上,小麻雀又来找他了。她一直等在他的门外,看到他终于回来,她迎上前来,异常严肃地对他说:"如果我再看到你跟别的女生在一起,我就去死。"

他无语地笑起来:"你是来搞笑的吧?"

小麻雀凝视着他,一句话都没说,转身下楼,单薄的肩膀挺得笔直。

他呆在原地,颓然无语,他知道她说的是真的。

"她不能去死,老师,我让她来找你,你做做她的思想工作,告诉她,我不值得。"他说。

我合上了记录本问:"为什么她不能死?"

陈镇有些吃惊地看着我,好像我问了一个匪夷所思的问题。

"人人都会死啊,她为什么不能?"我看着他,"她要是死了就不会缠着你了。"

"什么?"他吃惊到有些口吃。

"她这么影响你的生活,把你的生活搅得一团糟,她死了,对你来说不是正好吗？反正你也并不在意她，还是说我弄错了？"

陈镇半晌才喃喃道："毕竟也是一条生命。"

"是吗？谁还不是一条生命了？那些被你伤害、抛弃的女孩不是吗？"我冷静地说道，"所以，给我一个理由，她为什么不能死？"

陈镇猛地站起身来，带倒了咨询室的椅子。看起来他准备离开了。

"这样下去，她会死，你也会。"我大声道。

他站住了，僵了许久，终于低下头，扶起倒在地上的椅子，重新坐了回去。

"你能真实地体会一下你内心的感受吗？"我诚恳地问道，"她为什么不能死？"

陈镇在意她。

他很难不被她的爱打动，她对他的爱纯粹又无私，没有任何的功利。不因为他帅，不因为他会讨好，愿意付出，只因为他就是他。她爱的就是他本来的样子，哪怕那是自私阴郁的。这样的爱甚至是不问对错，是无条件的。

她是陈镇唯一可以真实面对自己、拯救自己的机会。他不能也不想让她死。他的潜意识清楚地知道，她若死了，他就成了一个无根无本的空心人。

> 但他也很难接受她,因为她代表的是他的过去。

> 小麻雀以为他们拥有了共同的秘密,从此不会分离,可她不知道这正是他狠心离开的原因。她看见过他的落魄、脆弱,也看见了他的自私、阴暗、怯懦。而这些正是他永远也不想直面的部分。

> 她的存在会时刻提醒他不得不面对的过去,接纳她,就意味着他必须直面自己的过去。而这样的过去对陈镇来说实在是太难面对了。

可是不管怎么不堪,还是得和过去的自己和解,这是成长必须要经历的过程。

接下来的咨询,他真的把小麻雀带进了咨询室。正如他所说,他让她来,她就会来。这个女孩是真的信赖、在乎着他。

咨询的方向也开始变化,他们开始做亲密关系的咨询。借着探索亲密关系,陈镇开始鼓起勇气去和自己的过去对话,去面对过去那个怯懦、阴暗的自己,去接受自己人性的弱点和不完美。当他开始接纳过去的自己,才能开始正视自己对小麻雀的感情。

他开始意识到,小麻雀的爱就好像是一个计量的对比器。不管他遇到了什么样的女孩,他的内心都会说:你爱的不是我本人。你没见过我最丑陋的、真实的样子,那个样子只有一个人会爱,而那个人并不是你。

他被小麻雀的爱"诅咒"了,小麻雀给予他真实纯粹的爱,其他的爱在这份真实纯粹面前黯然失色。

"老师,他既然是爱我的,为什么偏偏不能好好爱呢?"小麻雀问我。

当时他们的咨询已经开始了大半年,我们三人之间建立起了相对稳固而真诚的咨访关系。我感觉时机已经成熟,于是邀请他在小麻雀在场的情况下,做一次自由联想。

大约二十分钟的放松后,我请他对"爱"进行自由联想。听到"爱"这个字会联想到什么。

他首先说到相片,一张被泪水浸湿到模糊的相片。相片上是被父亲杀害的母亲,浸湿相片的是父亲绝望的眼泪。想到眼泪,也是奶奶的眼泪。深爱着他的奶奶在临终之前,对他有着万般的无奈与不舍。

爱、痛苦、眼泪、失去、绝望……这一切构成了陈镇对爱的联想。

他闭着眼睛,眼泪却如流水,源源不断地顺着脸颊往下流。

一切的行为和想法都有了原因。他不断地追求女孩的行为,正是他童年熟悉的模式。他曾经努力地去获得舅舅一家的欢心,卑微而细心地讨好着,他是如此想得到爱!

而当被追求的女孩对他动心,他就会狠心离去。一方面是因为他内心里真正在意的是小麻雀，另一方面是他对爱有着深深的恐惧。在他的经验里，一旦开始真爱就会痛苦、失去、绝望、流泪，如同那一张被泪水浸湿的相片。

如果不爱就不会痛吧？

这正是他把小麻雀推开的原因：我不是不爱你，我只是无法承受爱了以后又失去的伤害。因为怕受伤，于是假装不在意。因为怕失去，所以干脆就不要开始。

自由联想结束后，小麻雀握住了陈镇的手，对他说："我也不敢说我以后永远都不会离开你，但至少是现在，我爱你，不管发生什么，我保证真诚地面对你。你愿意为我更勇敢一些吗？我们一起努力？"

这真是我听到过的最动人的表白了。

他们的手紧握在一起，眼里只有彼此。

这时候我的存在有些多余，我轻轻走了出去，并带上了门。

总是想做调解员的小林

> 我很想做点什么，却又是如此地无助、无力。我感觉自己是多余的，恨不得自己消失。
>
> ——来访者：小林（化名）

小林最近经历了一件特别奇葩的事情。

上个周末，小林和同事小月（化名）在一家酒店确认会议具体事项。两个人正坐在大厅里讨论着，突然看到了部门经理的丈夫出现在酒店前台。因为公司团建的时候经理的丈夫也去了，所以大家都认识。小林正准备打招呼，小月突然拦住了她，小林这才注意到经理丈夫的旁边还站着一个不认识的女子，两个人神情暧昧，一看关系就不太一般。果然，前台给开好房之后，两个人一前一后进了电梯。

小林怒从心起，当时就想要打电话给经理，深知她行事风格的小月死死抱住了她，让她不要冲动。

因为小月的劝阻，小林当时忍了下来。可接下来的几天，小林心里特别难受，睡也睡不好，吃也吃不下，工作也做得不好，满脑子都是那天经理丈夫搂着那名女子的场景。第三天，她实在忍不了了，于是敲开了经理的门，开口就是一句："经理，我看见你老公和别人开房了!"

经理听完后脸色铁青,当时就关上门,开始打电话。单位里许多人都听到经理在办公室里扯着嗓子怒斥自己的先生。小月吓得一个劲地抱怨小林,小林则说邪不压正,安慰小月放宽心。

经理打完电话就请假回家了,接着两天都没来公司。两天后一回来,就喊了小林去办公室,面无表情地对小林说那天是她看错了,她先生是一个人去酒店接待一位外省的客人。小林一听就急了,告诉经理说她不可能看错,如果她一个人看错也就罢了,还有小月呢,怎么可能两个人一起看错?

经理笑了笑,把小月也喊来了。小月一进来就跟经理道歉,说自己那天眼睛发炎,看什么都看不清。说完鞠了个躬,看都没看小林一眼,转身就出去了。

小林呆了,追着小月出去,问她为什么不说真话。小月冷冷地对她说:"我劝你不要管闲事,你偏偏要管闲事!你做你的英雄,但麻烦你不要来害我!"

现在小林在单位的处境非常尴尬,小月绕着她走,经理也对她不冷不热,别的同事知道她得罪了经理,对待她的态度也变得模棱两可、含混不清。

"老师,我已经一个星期都没有睡好了,我好难过……我不明白,我明明就是为她们好,为什么要承担这种结果?"

我耐心地听着,等她情绪慢慢平复下来。我问小林:"你希望我为你做点什么？"

"我希望您能帮我改改我这个多管闲事的坏毛病。"她擦着眼角的泪水回答我。

"多管闲事的坏毛病？这是你对自己的评价，还是别人对你的评价？"我问她。

"别人吧……"她说，她脸上浮现了迟疑，"我也不知道。可能有的人觉得我多管闲事，也有的人认为我热心吧……老师，很多时候，真的不是我非要去管别人的事，是他们非要来找我解决问题。"

"是些什么样的问题？你愿意说吗？"

她定了定神，说了起来。

同事之间的误会、夫妻吵架、母亲和孩子不和……邻居，同学，公司同事，常常有人来找她帮忙，跟她倾诉，请她去排解。她几乎就像是一个居委会主任，忙于调解各种家长里短的事儿，判对错、给建议。大家都知道她热心、正直，一有什么事就想着来找她，都忽略了她其实还是一个未婚的女孩子。

"这些事儿你都管吗？"

"是啊，他们信任我才来找我的。我能不管吗？老师，说了你别笑我，为了不辜负大家，我还专门买了很多心理方面的书籍，让自己给意见时更专业一点。"

chapter 6
向世界发出自己的光

"如果这些事你不管会怎么样？"我问道。

"这个，老师，不管不好吧，大家信任我才找的我，拒绝不太好吧？"

我沉默了一会儿，突然问道："小林，你可以认真地想一想，不要急着回答我。不说最近发生的这件事，我想知道你管过的这些事情，在你介入了以后，效果怎么样？"

她紧咬着嘴唇，脸上神色紧张，久久说不出一句话。

她不用回答，我就已经明白了。就跟最近她遇到的这件事情一样，她介入的效果都不见得是朝着好的方向去。

人的气场是微妙且会彼此吸引的。

像小林，她浑身上下散发着一种热忱、积极、想要为别人服务、愿意为别人承担责任的气场，这就会吸引那些需要帮助、在迷茫中不知所措的人。所以真的会有很多人去找她倾诉，请她拿主意。

她说她来的目的是想要改改自己爱管闲事的毛病，我相信。这些事情耗费了她大量的精力，更重要的是她在管这些闲事的过程中体会到的常常是挫败感和无助感。她确实是被消耗得太厉害了。

但同时，我也能看到，尽管被如此消耗，她仍然非常乐于去担任调解员的角色，去为别人判断对错，解决问题。为了更好地做好这个角色,她甚至买了书,来提高自己的服务质量。

这个角色到底能满足她怎样的深层需求?

美国管理学大师史蒂芬·柯维认为我们每个人活在这个世界上,都有两个圈子。一个圈子叫作影响圈,我们有能力改变、影响的事情都在里面;另一个圈子叫作关注圈,我们关注但改变不了的事情都在里面。能够获得幸福的要义就是把所有的注意力都放在影响圈,而不是关注圈。

这个听起来简单的理论,实际操作起来的难点是:我们很难界定一个人或一件事,它到底在你的关注圈还是在你的影响圈。

生活的矛盾与痛苦在于,我们常常会把我们爱的人、在意的人放在影响圈。比如爱人、孩子、父母,我们渴望影响他们、改变他们,我们总认为只要把他们改变成我们想要的样子,我们就会幸福。比如,老公更上进一些、孩子更乖一些、父母更体谅我们一些,等等。然而,我们改变不了任何人,没有人会完全如我们所愿。

实际上,影响圈里只有自己。孩子、爱人、父母、朋友,不管你多在意他们,他们都只是在你的关注圈里。你在乎他们,但你不可能改变他们,你能改变的只有自己。心理学要义就在于,当你改变自己,成为更好的人,你周围所有的事也都会自然而然朝着好的方向发展。

作为普通人,我们常常会把跟我们亲密的人放入影响圈,想要去改变他们。这已然是我们痛苦的来源了。而小林,她的影响圈比普通人要大许多,她把普通的朋友、同事,甚至是陌生人都放进了影响圈。她简直就是想要去改变全世界。

怎么可能不焦虑?怎么可能不痛苦?

我想陪着她一起去探索,到底发生了什么,她才会把不相干的人放到自己的影响圈,想要去做他们的调解员,去为他们解决烦恼。

我请她闭上眼睛、深呼吸,放松自己的身体。请她把注意力从大脑里抽出来,全部放到感受上。

我请她调出最近发生的这件事,全力观想,去体会这件事带给自己的感受。

小林闭着眼睛,她的声音变得细弱而哽咽:"害怕吧,总觉得如果不做点什么,就会有不好的事情发生。我很害怕他们会失望,怕对不起他们。可是面对这些事情又很无力、无助……我知道自己其实也做不了什么……就是那种自己很多余的感觉,我会对自己失望……"

一边说着,眼泪一边顺着脸颊往下流。

我告诉她这样的感受是令她不舒服的。我鼓励她更勇敢一些,不要逃避感受。请她继续去和这些感受待在一起,去仔细体会这些感受她熟悉吗?是常常体会到的吗?有没有其他的事情也曾令她有这样的感受?

她沉默了许久,突然说起了她少年时经历过的事情。

那个时候,她读初一,住校,每个周末能回家一次。

有一次回家,吃过晚饭后,母亲说要带她去外面散步。刚走到外面,母亲突然拉着她的手哭了起来,跟她说父亲其实在外面有一个情人。

母亲哭泣着,而她大脑一片空白,完全不知道该怎么回应伤心的母亲。母亲拉着她的手,跟她说着自己发现的细节,比如父亲衣服上的香水味,父亲突然增多的电话费,父亲为了不回家找的各种借口。

"你大了,也到了懂事的年龄,我觉得这些事情还是应该让你知道的。"母亲抹着眼泪说。

可那时的她毕竟只是一个十几岁的孩子啊。她理解母亲实在是不知道和谁说了,只能说给自己的女儿听。她心疼母亲,可是令母亲如此伤心的人是自己的父亲,她该怎么办呢?恨他吗?可是父亲是如此爱自己,她不能恨,也不愿恨。然而不恨他吗?又如何面对母亲如此沉重的眼泪?

从此,对于小林来说,每个周末的回家都变成了一种折磨。可能是真的无处诉说,母亲每一次都会以散步为名拖着她在外面说很久。母亲骂父亲,骂那个女人,一边骂,一边哭,一边还要在讲述中逼她表态:"你看你爸,他怎么会变成这个样子?你说是不是很没良心?"

偶尔母亲情绪平静下来,也会对她说:"你别被我影响,他是你爸,你该怎么对他,还怎么对他。"

然而,到底该怎么对父亲呢?小林已经完全失去判断。

母亲的哭诉,把她变成了母亲的同谋。既然是同谋,那么她也应该保持和母亲一致的立场,采用和母亲同样的态度来对待父亲。可是父亲对自己的关照和体贴,又让她情感上很分裂。她成了"两面人",母亲在场时,她就会对父亲百般挑剔;而母亲不在场时,她对父亲又格外亲切,以弥补她刚才的冷淡。

这样的痛苦持续了很久,以至于小林到了周末都不想回家。可是不回家也会令她很内疚,她清楚地知道母亲积攒了很多的悲伤和怨气,就等着她回家跟她倾诉。

"那时,我就是这样的感受:害怕,总觉得有不好的事情要发生,我很想做点什么,却又是如此地无助、无力。我感觉自己是多余的,恨不得让自己消失。"小林低声说道,表达中还有一些语无伦次。

"这样的情况大约持续了多久?"我看着眼前的小林,透过她似乎看到了那个夹在父母之间无所适从的小孩。

"两年吧。"

"那两年以后呢?"

"他们离婚了,我被判给了我妈。"小林深深地吸了口气,她的眼眶再一次红了,"我总觉得他们离婚有我的原因,如果那个时候我有处理问题的能力,能处理得好一些,也许他们走不到离婚这一步。"

我终于明白为什么在小林的影响圈里会放着那么多不相干的人,为什么她执着于成为一个调解员去为别人排忧解难。

在她还不具备解决问题能力的时候,她就被迫成了一个调解员,去应对父母之间的矛盾,不得不去为他们评判对错。可能她的母亲并没有对她寄予能够解决他们夫妻问题的厚望,只是无人可诉发发牢骚。可是没有谁会单纯地只做一个倾听者,真的在这样的事情里置身事外。她迫切地希望自己可以做点什么,让父母的关系好起来。但她又是如此地无力,她什么都做不了,就连站哪边的队,她都很模糊。结果到了最后,父母还是离婚了。

在她的潜意识里,她一直认定就是因为自己做得不够好,才令他们离了婚,令自己最终失去了父亲。

她执着于为不相干的人去解决问题,只是在不停地想要去抵消掉曾经在父母关系问题上的那种无力感。那时她没能为父母做到的,她想要通过这些事去为别人做点什么。

然而,想要去改变亲密的人尚且不可能,又怎么能去改变不相干的人?于是她仍然重复着过去的模式,拼命想要改变,然后做不到，再一次品尝到深深的无力感。

越是这样，她越是停不下来，陷入了无尽的循环。

"老师，我要怎么办？"她问我。

我看着眼前这个执着、认真，一心只想得到认同和接纳的女孩，心里涌起了千言万语。

小林，你知道吗？你需要和内疚感和解，你完全不需要为所有人负责。

父亲在外面有情人，父母离婚，这都不是你的错。这些是他们的问题，跟你没关系。他们是成年人，应该为自己的人生负责，你完全可以置身事外，你只需要做好你自己。

如果你都不需要为父母负责，你就更加不用为那些不相干的其他人负责。要知道，每个人来到这个世界上，都有自己的功课。他们的功课只有他们自己能懂，你不会懂，你也不需要去懂。让他们去完成自己的功课，做得好与不好那是他们自己的事。你要相信每个人都会在自己的功课中成长。而你只需要做好你的功课。

能够忍受亲眼看着亲密的人或是不相干的人吃苦，而你置身事外，就是你现在的功课。这意味着你把成长的机会还给了他们，你把信任还给了他们。

把自己过好，就是你可以为这个世界做的最大贡献。

虽然我有千言万语对小林说，但是我也知道，这样长篇大论地把道理倒给她没什么用，我可能需要陪着她慢慢去体会。只有她自己体会到，才是真正的成长。

毕竟我只是个陪伴者。成长说到底是她自己的事。

"小林，我们先学会说四个字：不关我事。"我笑着对她说，"来，跟我说一遍：不关我事。"

"不关我事。"她犹豫着说道，"还有呢？我还需要做点什么？"

"就先学会说'不关我事'就很好。"我温和地说道，"每天在心里多对自己说几遍，觉得可以的话就说出声。也许你现在就可以拿一张纸写一写，什么样的场合下可以说这四个字。"

我的陪伴还在继续，她的故事也还在发生。

小林，别着急，我们先从这四个字开始。先学会用这四个字，去为自己划出一个界限。

坐不下去的少年

> 我不知道,老师。我真的不知道该怎么办。我妈说了不行……那就是不行了。
>
> ——来访者:小安(化名)

小安(化名)已经有两个月没有去学校了。在两个月前,他突然不能坐下去了,除了睡觉,就只能站着。

这是一个胖胖的大男孩,个子不高,估计有一米六左右。相较同龄人来说,他有些发育不良。如果他不说自己已经十九岁,正在读大学,我觉得他更像一个初中生。

此刻,他僵直地站在离我一米多的地方,俯视着我。我有一些轻微不适,我隐约在想,他其实可以站远一些的,这样我可能压力会小一些。

"坐不下去?为什么?那是什么样的状态?"我开始了询问。

他眯着眼睛不出声,脸上的神情耐人寻味。

旁边的母亲神情尴尬,支吾着:"呃,老师,我一会儿再跟你说。"

"是有什么不便吗?我想,既然你们选择来做心理咨询,就做好了坦诚交流的准备。心理咨询的原则就是保密……"

这时小安忽然打断了我:"没什么不能说的,我下体疼痛,一坐下去,就疼得很。"

母亲尴尬地垂下了头,而小安红着脸,脸上再一次浮现出让人看不懂的神情。也不是难过、羞愧或是悲伤,到底是什么?我一时判断不出来。

两个月前小安和舍友们一起去喝酒,酒醒了以后就感觉自己下体肿大,每当想坐下去就钻心一般地疼痛。从那天起,他就没法再坐下去了。

之所以说是感觉,是因为当时同学们就把他送到了医院,结果在医院检查之后,并没有任何肿大的迹象。换了几家医院去看,结果都是一样,小安在生理上并无异常。这时有医生提出疑问说:"既然生理上没有问题,会不会是心理上的原因呢?"

于是母亲和小安开始约见心理咨询师。我并不是他们约见的第一个咨询师,在我之前,他们曾约见过两个不同的咨询师。问起为什么不与前面的咨询师合作,小安没出声,母亲语气平淡地说:"不合适嘛。"至于怎么不合适,她没说。

大体情况了解后,我开始对小安进行单独的咨询工作。

首先开始问他两个月前那一场酒局发生了什么,小安说:"就是心情不好,约舍友喝了个酒。"再问他为什么心情不好,他说忘记了。

看他一直这么站着，我也站了起来。当我站起来后，我发现小安明显轻轻往后退了几步，我突然意识到，这是因为我站起身后，比他略高一些，我们距离很近的话，他就会感受到被俯视的压力。

可是刚才他一直就是这样有意无意近距离俯视着我的。他会享受俯视一个人的力量感吗？这样的力量感对他来说是重要的吗？

我不动声色地坐了回去，果然，他又移了回来，继续俯视着我。

"也许，可以说一说你的成长史。"我建议道。

"原生家庭吗？老师我懂，我现在的问题都是在原生家庭里形成的。"小安说道，"我看过一些书，知道这个。"

还没等我开始，他开始熟练地说了起来。估计这些话，他在前面两个咨询师那里也说过。

小安是在女性的圈子里长大的。父亲在他小学六年级的时候因病去世，他对父亲的印象就是身体不太好，一直咳嗽个不停。父亲去世后，母亲把他带在身边。母亲担心自己工作忙，照顾不好他，就把外婆从老家喊了过来，住在一起。再后来表姐从老家过来，也一直在他家寄宿。

周围的这些女性把他照顾得无微不至，可是他的身体依然不太健康。尽管小安看上去壮壮的，却常常生病。母亲十分担心他的日常生活问题，晚上睡觉怕他蹬被子，一直到初三还跟他睡在一张床上。到了高中,本来是要住校的,但他总是生病,母亲就在学校附近租了个一居室,让他从学校里搬了出来,自己也辞了职,全职照顾着他。

"一居室?是只有一个卧室吗?"我问道。

他很敏感,马上就回答道:"是,不过是有两张床的。"

也就是说在高中毕业前,他和母亲都住在一间房里,直到他去读大学。而且直到初三,他和母亲甚至还睡在一张床上。我默默地在记录本上画下一个着重符号。我陷入了沉思,父亲的早逝,会让母亲把对父亲的情感期待投射到小安身上吗?至少我能肯定的是,母亲最为在意的就是小安的健康,父亲因病去世,她已经把对父亲疾病的恐惧投射到了小安的身上。

而有意思的是母亲越是想让小安健康,小安却偏偏如此孱弱,这是不是小安潜意识里的对抗?

他和母亲这样既服从又对抗的关系,跟他现在坐不下去的病症有关系吗?

我问起小安他与母亲的相处模式。

小安说母亲对他特别特别特别地好。他连续用了三个"特别"来强调,那到底是有多好?

小安讲道,从他记事以来,母亲就一直无微不至地照顾他。小安想吃什么、用什么母亲都是无条件满足。因为怕小安生病,母亲每天晚上都会给他盖很多次被子,自己也睡不好。只要天气一变,母亲就会跑到学校给小安送衣服,就连学校里的老师都开玩笑说小安是个金贵的孩子。到了十八岁,小安都没有做过任何家务,甚至连自己的内裤都没有洗过。

我听得骇然,果然是"特别特别特别地好"。这三个"特别"令我感到了被吞噬的窒息。被这么特别对待的孩子,还怎么活得出自己?

小安没有感觉吗?这三个"特别"后面,应该是深深的无奈吧?否则怎么解释他一边嘴里说着感谢,却一直在无意识地摇着头?

一个小时的咨询结束,小安表达了想要长期咨询的意愿。我能看得出来,小安想要找到自己病症的原因,很迫切地想要改变。

我留了一点时间,询问母亲的意愿,毕竟她是付费的人。母亲淡淡地说:"我无所谓,只要孩子愿意,只要是为了孩子好。"话挑不出毛病,然而我还是感受得到疏离。

第三次咨询的时候,我觉察到和小安的信任已经建立好,开始尝试着和小安聊更深层次的内容。我意识到在他的感觉中肿大的下体跟性应该有关系。

当时,小安站着,我靠坐在桌边。我不再坐着让他俯视我,我也不俯视他,我们以一个平视的角度对聊着。

我问他喜欢男孩还是女孩。

他吃了一惊,很快他意识到我是用这样的问话告诉他,什么都是可以聊的，什么我都会接受并尊重。

他放松下来，笑了："当然是女孩。"

接着他开始描述他喜欢的女孩子的类型：皮肤白一点的、个子高一点的、性格开朗的、爱笑的、不容易生气的……

我听着听着发现，他的描述几乎是母亲形象的反面。母亲的形象刚好是个子矮小的、皮肤黝黑的、经常皱着眉的、不开心的。

我问他，有没有遇到过这样的女孩子？

小安说很多呀，自己身边没有缺过女孩。从他初中开始，他跟班里女生的关系就一直很好，她们都很愿意跟他说心里话，他就是她们的知心朋友。一直到高中，甚至到大学都如此。很多男生特意来跟他做朋友，就是因为他跟很多女生的关系好。

他说的时候，隐隐约约有一些得意，然而我还是听出了关键：女生把他当闺蜜，男生找他来了解女生，在他们眼里，他是没有性别的，既没有吸引力也没有威胁。

我小心翼翼地再问："有没有试过跟喜欢的女生表白？"

这一问令小安变了脸色。他沉默了一会儿，跟我说起两个月前，他约舍友喝酒之前发生的事。原来，什么事情令他心情不好，他一直都记得。

在大学，如同初中、高中一样，很多女生逐渐跟小安成了朋友。

chapter 6
向世界发出自己的光

其中有个女孩是班里长得最好看的。很多男生喜欢她,她都矜持地不理,唯独跟小安很聊得来。她约着小安一起打饭、一起自习、一起在操场跑步,她会跟小安说起她离婚的父母,说起已经分手的前男友,说起现在的追求者。

很快,一起嘲笑她的追求者,就成为她和小安之间最快乐的一件事。

那一天他们坐在夜色笼罩下的操场上,嘲笑着某一个普通又自信的男生,他们笑得前仰后合。突然女孩抓住了小安,使劲地摇晃着他的肩膀。她的发丝滑过小安的脖颈,她身上散发出淡淡的香气……

小安一时心猿意马,轻轻在她离得很近的脸上吻了一下。

女孩一下愣住了,一把推开了小安,把他推得跌坐在地上,然后她站起身来说:"小安,你是我的姐妹、闺蜜,你在我眼里不是男人。你最好搞清楚,不然我们连朋友都没的做。"说完,她拍了拍屁股上的灰,转身就走了。

小安在寂静的操场上独自坐了一个小时,心里五味杂陈。他心里似乎是有点难过,但也没有那么难过,想哭实在也不知从何哭起。终于他站起身,回到宿舍,约舍友去门口烧烤摊上喝酒。酒是略微有些上头,但他也并未忘形。喝完酒,在酒意沉沉中睡去,一觉醒来,只感到下体肿胀疼痛,然后就再也无法坐下去。

"会不会是在操场上坐的时间太长冷到了?再或者是酒精

中毒?"小安开着玩笑,他圆圆胖胖的脸上的笑容天真得像个孩子。

  在第五次咨询之前,我接到了小安母亲的电话。
  她在电话里面客气而冷淡地说:"这一次咨询后,我们就打算结束在您这里的咨询了。"
  我问她这是小安的意思吗。
  她冰冷地告诉我:"不需要小安的意见。小安心善,不好意思说拒绝的话。老师,咨询并没有效果,小安还是坐不下去。"她不客气地说,我从她的话里感受到攻击和否定。
  小安来了,我问他知不知道母亲给我打电话。
  小安脸色大变,他摇着头表示不知道。
  "你觉得母亲会对我说什么?"我问他。
  "她是想结束咨询吗?老师,我跟她解释过了,让她不要这么着急。"小安的脸上写满无助。
  "前几次咨询,也是你母亲主动去结束的吗?"我问道。
  小安点了点头。
  "小安,你最近跟母亲的相处方式有什么变化吗?"
  小安茫然地看着我,轻轻摇着头,脸上无助的表情让我看得十分难受。
  "再想想?"

chapter 6
向世界发出自己的光

"也没什么啊,除了还是坐不下去,我觉得我自己挺好的呀。我开始学着做饭了,自己也可以洗衣服,还开始运动了……要说变化的话,我就是跟我妈说,晚上睡了以后,让她不要进我的房间给我盖被子了,这样大家都睡得好。我现在睡觉都反锁着门。"

我说不出话来,很多情绪涌了上来,我看着小安胖胖的脸,眼眶有一些潮湿。

潜意识里,母亲并不想让小安变好,也不想让小安长大。

因为小安成长了就意味着他会挣脱她桎梏一般的爱,去做他自己。

而心理咨询的最终目的就是要让来访者可以做自己,小安在咨询中的变化令母亲本能地感到要失去小安的恐惧。所以她会以无效为理由一次一次地去结束咨询。

她把对早逝丈夫的情感投射到了小安那里,潜意识里她希望小安可以代替丈夫陪在自己身边,永不消失。她对小安那些"特别特别特别的好",早就超出了应有的界限,这些"好"其实是披着爱的外衣的变相控制,这样的控制小安一定是感受到了的。

初三之前,小安和母亲都还睡在一张床上,而在上大学前,他和母亲也一直住在同一间屋子里。肥胖的潜意识语言是"中性""拒绝性魅力"。小安身体不好、长胖很有可能是因为他不愿成为真正的男性。同时,他又用肥胖来拒绝异性,来表达对母亲的忠诚。

可人的成长本能是必须要长成自己！小安潜意识里的另一面是想要挣脱母亲的，他清楚自己只有成为一个独立的男性，才可能最终离开母亲。他为自己没有男性的吸引力而深感沮丧。他也很想证明自己作为一个男性的力量感和吸引力。

对那个女孩的表白被拒绝后，这种沮丧到达了顶点，女孩对他说的那句"你在我眼里不是男人"深深地戳到了他的痛点。

怎么我就不是男人？他感觉中忽然肿大的下体就是他对这个世界的宣言：我是个男人！

成为自己，这么难吗？我看着小安，感受到深深的无力。

我知道发生了什么，可是要怎样才可以帮到他？

小安想要好起来，需要母亲放手。如果他可以稳定地处理自己与母亲的关系，与母亲划出一个界限；如果他可以妥当地安置自己的欲望；如果他可以离开母亲，去爱另一个女孩，用爱去表达自己是男人；这些如果都能变成现实的话，他自然就能成为一个男人，他就不必用肿大的下体来表达自己是个男人。

可是如果没有母亲的放手，小安这条路走得会有多难？

"小安，如果母亲反对你继续来做咨询，你会怎么办？"我到底还是把这句话问出了口。

小安久久地沉默着。他回答不了，在他的成长过程中，他很少有否定母亲意见的经验。

"我不知道,老师。我真的不知道该怎么办。我妈说了不行……那就是不行了。"终于,站立着的小安开口了,他的语气里全是沮丧和无助。

这次的咨询我延长了十分钟,我很想再多跟小安说点什么,算有个告别。我意识到这很可能是小安在我这里的最后一次咨询。

果然咨询结束,打开门,小安的母亲已经坐在外面,她等着带小安回家。

我走上前去,做了最后的努力:"我知道你对咨询有质疑,我很想邀请你参与到咨询里来,这样你可以清楚地看到咨询的流程,感受到我是怎样做咨询的。"

小安眼巴巴地看着母亲,等着母亲点头。这一刻,他哪里像个十九岁的大学生,分明还是一个圆圆胖胖依赖着母亲的小孩子。

母亲摇了摇头,不容置疑地牵起小安的手,就像牵一个小孩一样,把他牵了出去。

他们走后,我在咨询室坐了很久,一直到月上中天,我才慢慢往家走。

我拿出手机,拨通了我的督导老师的电话,我告诉了她这一切的前因后果,我需要处理自己的无力感,想要约她见面。

听到我的沮丧,督导老师温柔地对我说:"好啊,我等着你来。但你要记得,你不是全能的,你只是陪伴者。来访者决定要改变,你就陪伴;他们决定不改变,你也要尊重。因为,每个来访者都有自己的功课,自己的功课永远要自己完成。"

她的话像在我焦躁不安时的一缕微凉的清风,让我慢慢沉静下来。

抬眼看时,高楼林立,霓虹灿烂间,月亮安然,只觉得心若清白,万事温柔。

后记
——写给我的来访者

我经常会跟我的来访者玩一些文字游戏，比如说，我们会一起玩这样的填空题：＿＿＿＿＿月亮像＿＿＿＿＿？然后根据这个填空题，讲述一个浮现在大脑里的画面。

最常听到的回答是弯弯的月亮像小船。

那是因为我们这一代人似乎有着共同的经历：课堂四十五分钟，端正地坐着，严肃认真的小脸，小小的手背在身后，等待着下课的童年。戴着眼镜的语文老师，举着课本，大声地带着我们朗读：弯弯的月亮像什么？弯弯的月亮像小船。

但就算是同一个答案的填空题，继而引出的画面却完全不一样。

弯弯的月亮像小船，照着院子里的桂花树。女孩坐在树下，母亲用手指温柔地给她理着头发，一下一下。她靠在母亲的胸口，沉沉地睡去了。

弯弯的月亮像小船，照着离家的路。男孩每周要走三十公里，去附近的中学求学。从下午一直走到晚上，水银一般流淌的月光下，抗着一袋粮食的他又累又乏，喘着粗气，眼含热泪。

弯弯的月亮像小船，照着他们的爱情。他和她牵着手，慢慢地走，抬头看见月亮一直陪着他们在走，她的笑容比月光还要温柔。

弯弯的月亮像小船，照着她的寂寞。深夜的街头，她骑着一辆自行车，一路狂蹬，不敢回头。总是这么晚才下班，是因为她一心想为自己买一个属于自己的房子，但不知道要多长时间才能实现。

弯弯的月亮像小船，照着他家的大阳台。大阳台上养了一盆花，是父亲亲手种下的，去年父亲去世了，他常常坐在阳台上，对着那盆花静坐。

你看，月亮像什么从来就没有固定又正确的答案。每一个画面引出的故事都是如此独一无二，值得珍惜回味。无关对错，只与你的人生阅历，跟你曾经经历的故事相关。

我珍惜每一个来访者的倾诉，珍惜他们的每一个故事、每一段情感。这些故事，都流淌自他们的心尖，真诚而独特。

月光之下，人间万象。我们都是芸芸众生里最普通的那一个。我们各自有各自的过去，各自有各自的未来。

因此我感谢你，你把属于你最不同的人生故事与我分享。借着这些独特的故事，让我真实地看到你，让我们在灵魂的层面相遇。

值得安慰的是，尽管人间不易，每个人的夜空再黑，但都会有各自的月亮，照亮我们脚下看不清的前路。

本书精华索引

生命本身就是有意义的。如果我们把一个人形容成一棵树的话，有的树会开花，有的树会结果，而有的树可能既不会开花也不会结果。然而就是这棵不会开花也不会结果的树，它本身活着对这个世界就是意义。

去勇敢地直面你的孤独吧。如果你可以看见它、聆听它、拥抱它，它就会成为一个契机，一个令你变得更好、更完整的契机。

所有的痛苦，其实都是命运赐予你的礼物。

我们都不可避免地被原生家庭影响，但我们却尽力不被原生家庭所定义。

我们现在所看到的风景其实都是我们曾经走过的曲曲折折的路。

其实所有病症都是有意义的，甚至是可以帮助我们活下去的。至少它没有恶意，它的到来并不是要跟我们作对，可能是想要对我们诉说痛苦、呼唤理解。它想要提醒我们去处理一些问题，变成更好的人。

抑郁的消失是一个漫长的过程，在抑郁消失前，我们要学习的是与抑郁和解，倾听症状的声音，甚至与抑郁合作，找到和平共处的方式。

所有强迫行为的背后，都有一个被压抑的需求。因为这个需求被压抑了，才会出现强迫的行为。如果强硬地去终止强迫行为，没有看到被压抑的需求，那么会变成另一个强迫的行为。

如果一个人总是让你痛，会不会有一种可能，他其实是你的天使，在以另一种方式拯救你？

感受就是信使，每一个感受的背后都会隐藏着一个需求。只有去看到感受之后的需求，去应对它，这些感受才会真的平复。

在亲密关系里，从来没有绝对的受害者。很多时候，婚姻里的问题并不单纯是谁的错，而是两个人的合谋而为。当我们开始在亲密关系里为自我负责，才意味着我们可以选择更好的人生。

谁不希望可以遇到一个无条件接纳自己的人呢？不因为你富有，不因为你聪明，不因为你好看，也不因为你出色，只因为你就是你，就全然地接纳。如果我们曾被这样对待过，那我们的生命底色就会是明亮的。这样的生命底色会让我们有更强的配得感，让我们觉得自己拥有足够的自我价值，让我们相信我们是被这个世界欢迎的。

但凡上瘾的行为，都有可能是对应着一个内在的匮乏。购物成瘾、烟瘾、酒瘾、性瘾、自我伤害成瘾等，根本停不下来的不是行为本身，而是内在匮乏的需求。

盼着别人来到自己的生命里填补匮乏无异于寄希望于海市蜃楼。从现实来看，只有自己才是自己的"爱人"。

当你拥有了爱自己的能力，爱其他人只是锦上添花，而不是雪中送炭。比"你若盛开，清风自来"更好的状态是：好好爱自己，我自盛开，管他清风来与不来。

幼年未被满足的需求，我们都渴望在亲密关系中得到满足。

亲密关系是我们二次成长，二次修炼的好机会。

真正地爱自己，是要和自己的童年和解，拥抱过去那个被忽视、内在匮乏的小孩；去学习探索未知、保持好奇、寻找自己的优势资源、陪伴自己，然后一点一点给自己补足爱，慢慢地去相信自己是有价值的，是值得别人认可和尊重的，是配得到这个世界上最好的爱，最温柔的对待的。

我们必须允许并接受我们爱的人去受苦。这其实是我们对爱的人的信任，信任他可以去受伤、失败，然后在挫折中继续成长。这才是真正的爱，这意味着你把成长的功课还给了他自己。

请慎重说："我能理解。"并不是所有的痛苦都可以被理解。当我们轻易对别人说出我理解时，其实就是否定了他的痛苦的存在价值。

不轻易给别人建议也是一个能力。没有共情的建议，多少都带着一些不痛不痒、高高在上的傲慢，其实也是对他人感受的否定。

面对别人的悲伤、绝望、糟糕状态，允许和守候才是最大的慈悲。允许他沉在悲伤、绝望里，不带着要求他改变的目的，只是单纯地陪伴、守候着他，让他意识到，当他需要，就一定会有人在。允许她以自己的节奏找回力量。

改变从来都不会发生在硬性的要求里，只会发生在爱与尊重里，如果你允许他可以不改变，如果你允许他可以按照他自己的意愿和节奏慢慢来，改变才会发生。

我们不用对苦难说感谢。如果我们有选择权，我相信我们都不会主动去选择苦难。可是我们必须要承认，苦难也许没有想象中的那么可怕，那些血和泪，也许也会变成营养，孕育出美丽的花。

如果你形成了一个应对模式，比如愤怒、讨好，这意味着这个应对模式一定给你提供过好处，你借助这个应对模式获得了资源。所以愤怒也好，讨好也罢，它们都是我们得以生存至今的模式。

情绪本身是没有好坏之分的，愤怒也好，悲伤也好，它们都是我们生命丰富性的构成，能够让我们的生命更加厚重而有质感。但情绪引发的行为有好坏之分，如果我们臣服于情绪，任由情绪流淌，就很有可能会伤害别人和自己。

管理情绪并不是消灭负面情绪，而是与情绪合作。

愤怒是一种能力，它意味着边界，意味着态度。愤怒是我们的朋友、合作者。最好的状态就是当我们需要它时，我们有能力召唤它出来宣告底线、宣告力量。而宣告到什么程度——我们有能力控制。当我们不需要它时，它会默默地退到合适的距离，恰如其分给到我们支持。

如果你期待拥抱，也许你先要学会拥抱自己；如果你期待陪伴，也许你先要学会全身心地关注自己。如果你需要的是认可和接纳，也许你先要接纳、包容自己的一切，发自内心地与自己和解。

人是群体动物，我们活在集体中，本能地渴望集体的接纳和认同，这是我们自我价值的来源。因此，任何时候，我们都需要承担一些我们认为有价值的工作。

当你特别不喜欢自己，自我价值感很低的时候，别着急，别对自己太苛刻。尽力去寻找自己的优势资源，再努力去放大这些优势。

先别着急去付出，去爱别人，在任何时候、任何情况下，都应该优先把注意力放到自己身上，把自己先照顾好。

命运这件事似乎成为一切事件的借口。为什么有的人会一直遇到同一类型的挫折，就好像是陷入同一个"轮回"里无法挣脱，这真的是命吗？在心理咨询里，命运实际上是潜意识只要能觉知、看到，改变就会发生。

每一次错误都是一次成长机会，借着错误的提醒，我们可以调整自己的行为模式，去寻找平衡，去掌握解决问题的能力。

我们常常会想要改变我们在意的人，比如爱人、孩子、父母，我们渴望影响他们、改变他们，我们总认为只要把他们改变成我们想要的样子，我们就会幸福。然而，我们改变不了任何人，没有人会完全的如我们所愿，事实上我们真正能够改变的只有自己。

当你爱的人决定要改变，你就陪伴；他们决定不改变，你也要尊重。因为，每个人都有自己的功课，自己的功课永远要自己完成。